러시아어
토르플 2급
실전 모의 고사
❷

러시아어 토르플 2급 실전 모의 고사
❷

초판 발행 2017년 01월 10일
초판 2쇄 2023년 03월 28일

지은이 Н.А. Боровикова, Н.А. Гогулина, И.С. Просвирнина,
Т.И. Смирнова, М.В. Дюзенли, У.С. Кутяева

펴낸이 김선명
펴낸곳 뿌쉬낀하우스
편집 Evgeny Shtefan, Ilona Istomina, 김영실
디자인 박은비

주소 서울시 중구 퇴계로20나길 10, 신화빌딩 202호
전화 02) 2237-9387
팩스 02) 2238-9388
홈페이지 www.pushkinhouse.co.kr

출판등록 2004년 3월1일 제2004-0004호

ISBN 978-89-92272-94-0 14790
978-89-92272-64-3 (세트)

© УрФУ, 2016
Настоящее издание осуществлено по лицензии, полученной от кафедры русского языка для иностранных учащихся Уральского федерального университета
© Pushkin House, 2016

이 책의 한국어판 저작권은 УрФУ(우랄연방대학교)와 독점 계약한 뿌쉬낀하우스에 있습니다.
저작권법에 의해 한국 내에서 보호를 받는 저작물이므로 무단 전재와 무단 복제를 금합니다.

Тест по русскому языку как иностранному
Второй сертификационный уровень

토르플 고득점을 위한 모의고사 시리즈

TORFL
러시아어
토르플 2급
실전 모의고사 2

Н.А. Боровикова, Н.А. Гогулина, И.С. Просвирнина,
Т.И. Смирнова, М.В. Дюзенли, У.С. Кутяева 지음

뿌쉬낀하우스

※ MP3 파일은 뿌쉬낀하우스 홈페이지(www.pushkinhouse.co.kr)에서 무료로 다운로드받을 수 있습니다.
또한 스마트폰을 통해 QR코드를 스캔하면 듣기·말하기 영역 MP3 파일을 바로 청취할 수 있습니다.

contents

토르플 길라잡이 _6

1부 테스트

Субтест 1.   ЛЕКСИКА. ГРАММАТИКА 어휘, 문법 영역   _11

Субтест 2.   ЧТЕНИЕ 읽기 영역   _35

Субтест 3.   ПИСЬМО 쓰기 영역   _46

Субтест 4.   АУДИРОВАНИЕ 듣기 영역   _51

Субтест 5.   ГОВОРЕНИЕ 말하기 영역   _59

2부 정답

어휘, 문법 영역 정답   _67

읽기 영역 정답   _71

쓰기 영역 예시 답안   _72

듣기 영역 정답 및 녹음 원문   _80

말하기 영역 예시 답안   _87

첨부: 답안지 РАБОЧИЕ МАТРИЦЫ   _103

1. 토르플 시험이란?

토르플(TORFL)은 'Test of Russian as a Foreign Language'의 약자로 러시아 교육부 산하기관인 '러시아어 토르플 센터'에서 주관하는 외국인 대상 러시아어 능력 시험이다. 기초 단계에서 4단계까지 총 여섯 단계로 나뉘어 있으며 시험 과목은 어휘·문법, 읽기, 듣기, 쓰기, 말하기의 다섯 영역으로 구성되어 있다. 현재 토르플은 러시아 내 대학교의 입학 시험, 국내 기업체, 연구소, 언론사 등에서 신입사원 채용 시험 및 직원들의 러시아어 실력 평가를 위한 방법으로 채택되고 있다.

2. 토르플 시험 단계

토르플 시험은 기초단계, 기본단계, 1단계, 2단계, 3단계, 4단계로 나뉘어 있다.

- 기초단계 (элементарный уровень)
  일상생활에서 필요한 최소한의 러시아어 구사가 가능한 가장 기초 단계이다.

- 기본단계 (базовый уровень)
  일상생활에서 필요한 기본적인 의사 소통이 가능한 단계이다.

- 1단계 (I сертификационный уровень)
  일상생활에서의 자유로운 의사소통뿐만 아니라, 사회, 문화, 역사 등의 분야에서 러시아인과 대화가 가능한 공인단계이다. 러시아 대학에 입학하기 위해서는 1단계 인증서가 필요하며, 국내에서는 러시아어문계열 대학졸업시험이나 기업체의 채용 및 사원 평가 기준으로도 채택되고 있다.

- 2단계 (II сертификационный уровень)
  원어민과의 자유로운 대화뿐만 아니라, 문화, 예술, 자연과학, 공학 등 전문 분야에서도 충분히 의사소통이 가능한 공인단계이다. 2단계 인증서는 러시아 대학의 비어문계 학사 학위 취득을 위한 요건이며 석사 입학을 위한 자격 요건이기도 하다. 1단계와 마찬가지로 국내에서는 러시아어문계열 대학졸업시험이나 기업체의 채용 및 사원 평가 기준으로도 채택되고 있다.

· 3단계 (III сертификационный уровень)

　사회 전 분야에 걸쳐 고급 수준의 의사소통 능력을 지니고 있어 러시아어로 전문적인 활동이 가능한 공인단계이다. 러시아 대학의 비어문계열 석사와 러시아어문학부 학사 학위를 취득하기 위해서 3단계 인증서가 필요하다.

· 4단계 (IV сертификационный уровень)

　원어민에 가까운 러시아어 구사 능력을 지니고 있는 가장 높은 공인단계로, 이 단계의 인증서를 획득하면 러시아어문계열의 모든 교육과 연구 활동이 가능하다. 4단계 인증서는 러시아어문학부 석사, 비어문계열 박사, 러시아어 교육학 박사 등의 학위를 취득하기 위한 요건이다.

3. 토르플의 시험영역

　토르플 시험은 어휘·문법, 읽기, 듣기, 쓰기, 말하기의 다섯 영역으로 구성되어 있다.

· 어휘·문법 영역 (ЛЕКСИКА. ГРАММАТИКА)
　객관식 필기 시험으로 어휘와 문법을 평가한다. (*사전 이용 불가)

· 읽기 영역 (ЧТЕНИЕ)
　객관식 필기 시험으로 주어진 본문과 문제를 통해 독해 능력을 평가한다. (*사전 이용 가능)

· 듣기 영역 (АУДИРОВАНИЕ)
　객관식 필기 시험으로 들려 주는 본문과 문제를 통해 이해 능력을 평가한다. (*사전 이용 불가)

· 쓰기 영역 (ПИСЬМО)
　주관식 필기 시험으로 주제에 알맞은 작문 능력을 평가한다. (*사전 이용 가능)

· 말하기 영역 (ГОВОРЕНИЕ)
　주관식 구술 시험으로 주어진 상황에 적합한 말하기 능력을 평가한다. (*사전 이용이 가능한 문제도 있음)

4. 토르플 시험의 영역별 시간

구　　　분	기초 단계	기본 단계	1단계	2단계	3단계	4단계
어휘·문법 영역	50분	50분	60분	90분	90분	60분
읽기 영역	50분	50분	50분	60분	60분	60분
듣기 영역	30분	30분	35분	35분	35분	45분
쓰기 영역	40분	50분	60분	55분	75분	80분
말하기 영역	25분	40분	60분	45분	45분	50분

*토르플 시험의 영역별 시간은 시험 시행기관마다 조금씩 다를 수 있습니다.

5. 토르플 시험의 영역별 만점

구 분	기초 단계	기본 단계	1단계	2단계	3단계	4단계
어휘·문법 영역	100	110	165	150	100	141
읽기 영역	120	180	140	150	150	136
듣기 영역	100	180	120	150	150	150
쓰기 영역	80	80	80	65	100	95
말하기 영역	130	180	170	145	150	165
총 점수	530	730	675	660	650	687

6. 토르플 시험의 합격 점수

구 분	기초 단계	기본 단계	1단계	2단계	3단계	4단계
어휘·문법 영역	75–100점 (66%이상)	82–110점 (66%이상)	109–165점 (66%이상)	99–150점 (66%이상)	66–100점 (66%이상)	93–141점 (66%이상)
읽기 영역	90–120점 (66%이상)	135–180점 (66%이상)	92–140점 (66%이상)	99–150점 (66%이상)	99–150점 (66%이상)	89–136점 (66%이상)
듣기 영역	75–100점 (66%이상)	135–180점 (66%이상)	79–120점 (66%이상)	99–150점 (66%이상)	99–150점 (66%이상)	99–150점 (66%이상)
쓰기 영역	60–80점 (66%이상)	60–80점 (66%이상)	53–80점 (66%이상)	43–65점 (66%이상)	66–100점 (66%이상)	63–95점 (66%이상)
말하기 영역	98–130점 (66%이상)	135–180점 (66%이상)	112–170점 (66%이상)	96–145점 (66%이상)	99–150점 (66%이상)	108–165점 (66%이상)

1부 테스트

Субтест 1. ЛЕКСИКА. ГРАММАТИКА

Инструкция к выполнению теста

- Время выполнения теста – **90 минут.**

- Тест состоит из 6 частей, включающих 150 заданий.

- При выполнении теста пользоваться словарём нельзя.

- Перед выполнением теста вы получаете задания, инструкции к заданиям и листы с матрицами.

- На каждом листе с матрицей напишите свои фамилию, имя и название страны.

- Задания предъявлены в форме множественного выбора. Вам нужно выбрать свой вариант ответа и отметить его в соответствующей матрице.

- Выбирая ответ, отметьте букву, которой он обозначен:

    Например:

    | 3 | А ✓ | Б | В | Г | |

    (Вы выбрали вариант А).

- Если вы изменили свой выбор, не надо ничего исправлять или зачёркивать, внесите свой окончательный вариант ответа в дополнительную графу.

    | 3 | А ✓ | Б | В | Г | **В** |

    (Ваш выбор – вариант В).

- В тесте ничего не пишите! Проверяться будет только матрица.

ЧАСТЬ 1

В заданиях 1–25 выберите свой вариант ответа и отметьте его в матрице 1.

1.	На уроке мы говорили о том, что кому … .	А)	интересуется
		Б)	нравится
		В)	увлекается
		Г)	любит
2.	Моя подруга всегда мечтала … балетом.	А)	учиться
		Б)	научить
		В)	заниматься
		Г)	выучить
3.	Хочу … Вас с началом учебного года.	А)	спросить
		Б)	поздравить
		В)	пожелать
		Г)	сообщить
4.	Как ты … к русской народной песне?	А)	относишься
		Б)	считаешь
		В)	думаешь
		Г)	знаешь
5.	Извините, Вы не скажете, как … к оперному театру?	А)	зайти
		Б)	прийти
		В)	пройти
		Г)	найти
6.	На урок не пришли те, кто … .	А)	больных
		Б)	больны
		В)	больными
		Г)	болен
7.	… много лишних слов.	А)	Сказаны
		Б)	Сказано
		В)	Сказан
		Г)	Сказанное

8.	Сколько дней … до начала сессии?	А)	останутся
		Б)	осталось
		В)	остаются
		Г)	стало
9.	Вопрос, на первый взгляд, кажется … .	А)	простом и лёгком
		Б)	просто и легко
		В)	простым и лёгким
		Г)	прост и лёгок
10.	О вкусах можно … бесконечно.	А)	спорить
		Б)	поспорить
11.	Мне надоело … одно и то же.	А)	повторить
		Б)	повторять
12.	Вчера он забыл … домашнее задание.	А)	выполнить
		Б)	выполнять
13.	Не стоит … занятия без уважительной причины.	А)	пропустить
		Б)	пропускать
14.	В кассе было много народу, поэтому я не … билеты.	А)	купил
		Б)	покупал
15.	Отец … на диван и сразу уснул.	А)	ложился
		Б)	лёг
16.	Обычно я сажусь за первый стол, но сегодня … за последний.	А)	сижу
		Б)	сел
17.	Во время спектакля зрителям нельзя … со своих мест.	А)	вставать
		Б)	встать
18.	Вдруг что-то … с большим шумом.	А)	падало
		Б)	упало
19.	Сколько раз вы … этот отрывок текста?	А)	повторили
		Б)	повторяли
20.	Каждый раз он … дома свой словарь.	А)	забывал
		Б)	забыл

21.	Этот спектакль все хотят посмотреть. На него не … билеты.	А) Б)	доставать достать
22.	Я уже здоров. Мне больше не … это противное лекарство!	А) Б)	принимать принять
23.	Где ты был вчера вечером? – Я … на вокзал за билетом.	А) Б)	ездил ехал
24.	Ты продолжаешь … , что ты прав?	А) Б)	утвердить утверждать
25.	Пожалуйста, … мой фен.	А) Б)	ремонтируйте отремонтируйте

ЧАСТЬ 2

В заданиях 26–50 выберите свой вариант ответа и отметьте его в матрице 2.

26.	Я хочу пригласить тебя в гости … .	А) Б) В) Г)	в субботу субботу к субботе суббота
27.	Мы знакомы с тобой … .	А) Б) В) Г)	на год через год год год назад
28.	Эта встреча повлияла … .	А) Б) В) Г)	меня мне для меня на меня

29.	Будет жаль расставаться … .	А) от вас Б) с вами В) вами Г) вас
30.	Буду часто вспоминать … .	А) тебя Б) с тебя В) тебе Г) с тобой
31.	Стараюсь бережно обращаться … .	А) на телефон Б) к телефону В) с телефоном Г) о телефоне
32.	Мой друг предупредил меня … .	А) к контрольной Б) о контрольной В) контрольную Г) на контрольную
33.	Плавание полезно … .	А) к здоровью Б) на здоровье В) для здоровья Г) при здоровье
34.	Я ещё не привык … .	А) русскую кухню Б) русская кухня В) в русскую кухню Г) к русской кухне
35.	Ему трудно отказаться … .	А) от вашей помощи Б) к вашей помощи В) на вашу помощь Г) вашей помощью
36.	Дети с удовольствием участвуют … .	А) разные игры Б) на разные игры В) в разных играх Г) к разным играм

37.	Занятие по литературе перенесли … недели.	А)	в конце
		Б)	на конце
		В)	на конец
		Г)	конец
38.	Этот проект был разработан … .	А)	один год
		Б)	одним годом
		В)	за один год
		Г)	после года
39.	Пришлось работать над этим проектом … .	А)	за несколько лет
		Б)	несколько лет
		В)	после нескольких лет
		Г)	на несколько лет
40.	Рабочие добивались … .	А)	отличные результаты
		Б)	с отличными результатами
		В)	отличных результатов
		Г)	до отличных результатов
41.	Эксперимент прошёл успешно … .	А)	благодаря работе учёных
		Б)	из-за работы учёных
		В)	через работу учёных
		Г)	от работы учёных
42.	Некоторые неточности возникли … .	А)	от объективной причины
		Б)	через объективную причину
		В)	благодаря объективной причине
		Г)	по объективной причине

43.	Бросить курить, наверно, можно … .	А) от большого желания
		Б) из-за большого желания
		В) к большому желанию
		Г) при большом желании

44.	Иногда я смотрю интересные фильмы … .	А) на телевизоре
		Б) в телевизоре
		В) по телевизору
		Г) через телевизор

45.	Мне нравятся передачи … .	А) по путешествиям
		Б) про путешествия
		В) до путешествий
		Г) на путешествиях

46.	Президент наградил учёных … .	А) от достижений в науке
		Б) ввиду достижений в науке
		В) за достижения в науке
		Г) из-за достижений в науке

47.	Профессор Ким сделал заключение … экономик двух стран.	А) взаимосвязи
		Б) по взаимосвязи
		В) о взаимосвязи
		Г) на взаимосвязь

48.	Он выразил уверенность … .	А) в успехе начатого дела
		Б) к успеху начатого дела
		В) на успех начатого дела
		Г) об успехе начатого дела

49.	Он остановился … .	А) на данный вопрос
		Б) на данном вопросе
		В) о данном вопросе
		Г) у данного вопроса

50.	Его слова произвели впечатление … .	А)	у слушателей
		Б)	для слушателей
		В)	в слушателей
		Г)	на слушателей

ЧАСТЬ 3

В заданиях 51–58 выберите свой вариант ответа и отметьте его в матрице 3.

51.	Мне нравятся сувениры, … руками человека.	А)	сделавшие
		Б)	сделанные
		В)	сделавшими
		Г)	сделанными
52.	В музее расположено много магазинов и киосков, … сувениры и книги.	А)	продаваемых
		Б)	проданных
		В)	продающих
		Г)	продававших
53.	Гид, … экскурсию, говорил слишком быстро.	А)	проводивший
		Б)	проводящий
		В)	проводимый
		Г)	проведенный
54.	Меня интересуют экскурсии, … на английском языке. Я хочу выбрать одну из них.	А)	проводившие
		Б)	проводящие
		В)	проводимые
		Г)	проведенные
55.	Необходимо было заняться исследованием, … ещё в прошлом веке.	А)	начавшим
		Б)	начинавшим
		В)	начинающим
		Г)	начатом

56.	Раскопки старого города, … сорок лет назад, скоро будут возобновлены.	А)	прекратившиеся
		Б)	прекращающиеся
		В)	прекращаясь
		Г)	прекращаемые
57.	Для этого имеются все необходимые документы, … для проведения раскопок.	А)	требующие
		Б)	потребовавшие
		В)	потребованные
		Г)	требуемые
58.	Воссоздавая исторический облик города, … .	А)	не хватает многих деталей.
		Б)	встречается много «белых пятен».
		В)	археологи сталкиваются с большими трудностями.
		Г)	археологам необходимо воображение.

В заданиях 59–75 установите синонимические соответствия между выделенными конструкциями и вариантами ответов. Отметьте свой выбор в матрице 3.

59.	Сейчас в нашей стране много молодых композиторов, **создающих оригинальные музыкальные произведения**.	А)	которые создают оригинальные музыкальные произведения
		Б)	которые создавали оригинальные музыкальные произведения
		В)	которые создадут оригинальные музыкальные произведения
		Г)	которые создали оригинальные музыкальные произведения

60.	Музыкальные произведения, **созданные молодыми композиторами**, исполняются на концертах.	А)	которые создавали молодые композиторы
		Б)	которые будут создавать молодые композиторы
		В)	которые создают молодые композиторы
		Г)	которые создали молодые композиторы
61.	Симфония, **исполняемая впервые**, звучит свежо и ярко.	А)	которая исполнялась впервые
		Б)	которую исполнят впервые
		В)	которую исполняют впервые
		Г)	которую исполнили впервые
62.	Нужно исправить ошибки, **обнаруженные редактором**.	А)	которые обнаруживает редактор
		Б)	которые обнаруживались редактором
		В)	которые обнаружил редактор
		Г)	которые обнаруживаются редактором
63.	О значении многих новых слов, **которые встречаются в данном тексте**, можно легко догадаться.	А)	встречающихся в данном тексте
		Б)	встречающиеся в данном тексте
		В)	встречавшихся в данном тексте
		Г)	встречавшиеся в данном тексте

64.	Среди условий, **которые назвал директор**, есть несколько достаточно простых.	А)	названные директором
		Б)	называемых директором
		В)	названных директором
		Г)	называемые директором

65.	О результатах анализа, **которые представил диссертант**, можно сказать, что они весьма убедительны.	А)	представляющих диссертанта
		Б)	представленные диссертантом
		В)	представленных диссертантом
		Г)	представляемых диссертантом

66.	Роман посвящен событию, **которое изменило судьбу целого народа**.	А)	изменившем судьбу целого народа
		Б)	изменившее судьбу целого народа
		В)	изменившую судьбу целого народа
		Г)	изменившему судьбу целого народа

67.	**Снявшись в киносериале**, Елена стала узнаваемой.	А)	хотя она снялась в киносериале
		Б)	так как она снялась в киносериале
		В)	если она снялась в киносериале
		Г)	что она снялась в киносериале

68.	**Подъезжая ко двору**, Чичиков заметил на крыльце самого хозяина.	А)	до того, как подъехал
		Б)	когда подъехал
		В)	после того, как подъехал
		Г)	когда подъезжал

69.	Катя, **желая скрыть своё смущение**, отвернулась и начала говорить с соседкой.	А)	так как желала скрыть своё смущение
		Б)	если желала скрыть своё смущение
		В)	несмотря на то, что желала скрыть своё смущение
		Г)	когда желала скрыть своё смущение
70.	Землетрясение, **случившись однажды**, может повториться.	А)	как только случилось однажды
		Б)	если случилось однажды
		В)	хотя случилось однажды
		Г)	которое случилось однажды
71.	Птицы, **когда возвратятся с юга**, начнут устраивать гнёзда.	А)	возвращаясь с юга
		Б)	возвратившись с юга
		В)	возвращающиеся с юга
		Г)	возвратившиеся с юга
72.	**Хотя Мария получила диплом с отличием**, она не может найти хорошую работу.	А)	получившая диплом с отличием
		Б)	получая диплом с отличием
		В)	получившую диплом с отличием
		Г)	получив диплом с отличием
73.	**Если не сдашь государственный экзамен**, ты не получишь диплом университета.	А)	не сдав государственный экзамен
		Б)	не сдавший государственный экзамен
		В)	не сдавая государственный экзамен
		Г)	не сдававший государственный экзамен

74.	Мы бы ни за что не узнали друг друга, **если бы случайно встретились на улице**.	А)	случайно встретив на улице
		Б)	случайно встретившись на улице
		В)	случайно встретившись бы на улице
		Г)	случайно встречаясь на улице
75.	Девушка **с удивлением** слушала меня.	А)	удивлённая
		Б)	удивившись
		В)	удивляясь
		Г)	удивляющаяся

ЧАСТЬ 4

В заданиях 76–93 выберите свой вариант ответа и отметьте его в матрице 4.

76.	Хочется спать, … я не могу уснуть.	А)	или
		Б)	но
		В)	и всё-таки
		Г)	не то
77.	На улице потемнело … зажглись фонари.	А)	но
		Б)	зато
		В)	а
		Г)	и
78.	В школе мне плохо давалась математика, … рисовал я хорошо.	А)	зато
		Б)	и
		В)	да и
		Г)	и всё же

79.	Мы вместе пойдём за подарком, … ты останешься дома?	А) или Б) зато В) но Г) и
80.	Разговоры разговорами, … .	А) и дело делом Б) или дело делом В) и также дело делом Г) а дело делом
81.	Мы встретились с друзьями в парке, … они пригласили нас в гости.	А) а Б) и В) но Г) или
82.	Я живу рядом с университетом, … учатся мои друзья.	А) в каком Б) в который В) в котором Г) в чьём
83.	Моя подруга всегда покупает обувь, … рекламируют в журналах.	А) которая Б) в какой В) какую Г) о какой
84.	Голова болела так сильно, … я не мог заснуть.	А) чтобы Б) что В) когда Г) как
85.	Эту книгу надо отдать … , у кого ты её взял.	А) тот Б) у того В) для того Г) тому
86.	Она не хотела думать … , что волновало её.	А) о том Б) о тех В) то Г) к тому

87.	На его столе стояла фотография города, … прошло его детство.	А) когда Б) где В) куда Г) откуда
88.	Трудно забыть тот отдых на море, … мы были так счастливы.	А) в котором Б) на котором В) когда Г) откуда
89.	Не включай компьютер, … прочтёшь и переведёшь весь текст.	А) когда Б) как только В) пока не Г) с тех пор как
90.	Все были заинтересованы … , чтобы результаты теста были положительными.	А) с тем Б) в том В) о том Г) того
91.	… я ложусь спать, я проветриваю комнату.	А) Пока не Б) С тех пор как В) Как только Г) Прежде чем
92	Мама приготовила обед, … дети были в школе.	А) в то время как Б) прежде чем В) после того как Г) как только
93.	С каждым днём он чувствовал себя всё лучше, … ему прописали хорошее лекарство.	А) из-за того, что Б) для того, что В) благодаря тому, что Г) отчего

В заданиях 94–100 установите синонимические соответствия между выделенными конструкциями и вариантами ответа. Отметьте свой выбор в матрице 4.

94.	**Хорошо отдохнув** во время каникул, мы приступили к занятиям.	А)	когда отдыхали
		Б)	после того как отдохнули
		В)	когда отдохнём
		Г)	пока отдыхали
95.	**Вернувшись к нам** через пару лет, вы не узнаете наш город.	А)	потому что вернётесь к нам
		Б)	если вернётесь к нам
		В)	хотя вернётесь
		Г)	когда возвращаетесь
96.	**Не усвоив** новый материал, вы не сможете выполнить задание.	А)	хотя не усвоите
		Б)	когда не усвоите
		В)	потому что не усвоите
		Г)	если не усвоите
97.	**Слушая очень внимательно**, я всё равно ничего не понял из разговора друзей.	А)	из-за того, что слушал очень внимательно
		Б)	во время того как слушал очень внимательно
		В)	хотя слушал очень внимательно
		Г)	если слушал очень внимательно
98.	Девочка покраснела **от стыда**.	А)	хотя ей было стыдно
		Б)	так как ей было стыдно
		В)	если ей было стыдно
		Г)	когда ей было стыдно

99.	**Если бы ты не пришла**, я бы не сделала эту работу.	А)	я не сделала эту работу из-за тебя
		Б)	я сделала эту работу, так как ты пришла
		В)	я не сделала эту работу благодаря тебе
		Г)	ты не пришла и я не сделала эту работу
100.	**Кого я ни спрашивал об этом**, никто не смог мне ответить.	А)	когда я никого не спрашивал
		Б)	хотя я спрашивал всех
		В)	когда я никого не спрашивал
		Г)	если бы я спрашивал всех

ЧАСТЬ 5

В заданиях 101–125 выберите свой вариант ответа и отметьте его в матрице 5.

101.	Сегодня по области … осадки в виде дождя и мокрого снега.	А)	наблюдаются
		Б)	видятся
		В)	рассматриваются
		Г)	видны
102.	Их сын уже в 4 года хорошо … читать.	А)	знал
		Б)	может
		В)	умел
		Г)	сумел
103.	Сестра … шить у матери.	А)	училa
		Б)	выучилa
		В)	проучилась
		Г)	научилась

104.	Я должен сегодня … часы в ремонт.	А) Б) В) Г)	вынести относить поднести отнести
105.	Я не сразу … съехать с горы на лыжах.	А) Б) В) Г)	умел осмелел решился научился
106.	Обычно он … разных фильмов и не может заснуть.	А) Б) В) Г)	засмотрится всмотрится насмотрится присмотрится
107.	Он … на этом заводе 5 лет и вдруг уволился.	А) Б) В) Г)	заработал переработал проработал выработал
108.	Его … сладкие речи всегда раздражают меня.	А) Б) В) Г)	много излишне достаточно едва
109.	Я не знаю, как … мой телефон к компьютеру.	А) Б) В) Г)	включить заключить переключить подключить
110.	В автобусе необходимо своевременно … свой проезд.	А) Б) В) Г)	заплатить уплатить платить оплатить
111.	… его поступка нас поразила.	А) Б) В) Г)	Решение Решительность Решимость Решаемость

112.	Необходимо … вашу точку зрения.	А)	основать
		Б)	обосновать
		В)	освоить
		Г)	обосноваться
113.	В памяти всплыла та … встреча.	А)	давняя
		Б)	старинная
		В)	древняя
		Г)	старейшая
114.	Между нами установились сразу … отношения.	А)	душевные
		Б)	душные
		В)	душистые
		Г)	духовные
115.	В программу обучения студентов старших курсов включена … стилистика.	А)	практикующая
		Б)	практичная
		В)	практическая
		Г)	практикуемая
116.	Мой друг … молодой человек, способный на смелые поступки.	А)	решавший
		Б)	решающий
		В)	решаемый
		Г)	решительный
117.	Устраиваясь на работу, молодые люди интересуются, … ли фирма возможности для профессионального роста.	А)	даёт
		Б)	оказывает
		В)	предоставляет
		Г)	представляет
118.	Все с нетерпением ждали … молодого артиста.	А)	поступления
		Б)	выступления
		В)	вступления
		Г)	поступков
119.	На конкурс было отправлено более 100 архитектурных … .	А)	проектов
		Б)	проспектов
		В)	планов
		Г)	протекций

120.	Для исследования по теме диссертации магистрант собрал большой … .	А)	пример
		Б)	материал
		В)	текст
		Г)	факт
121.	У … моих друзей есть собаки.	А)	каких-нибудь
		Б)	каких-то
		В)	некоторых
		Г)	любых
122.	Мне нужно с тобой поговорить, я … про тебя узнал.	А)	некоторое
		Б)	какое-то
		В)	какое-нибудь
		Г)	кое-что
123.	Вокруг меня скучные, ограниченные люди, … даже поговорить о поэзии.	А)	некому
		Б)	ни с кем
		В)	не с кем
		Г)	никому
124.	Мать всегда заботилась о нас. Её ласковое, … отношение к нам мы никогда не забудем.	А)	бережливое
		Б)	бережное
		В)	безбрежное
		Г)	берегущее
125.	Он может найти выход из любой … ситуации.	А)	критической
		Б)	критичной
		В)	кризисной
		Г)	критическая

ЧАСТЬ 6

В заданиях 126–132 выберите свой вариант ответа и отметьте его в матрице 6.

126.	Уже в Тарханах определился острый интерес мальчика (Лермонтова) … .	А)	с литературой
		Б)	о литературе
		В)	в литературе
		Г)	к литературе
127.	В 1837 году началась первая ссылка Лермонтова. Она была для него … .	А)	тяжёлое испытание
		Б)	тяжёлым испытанием
		В)	тяжёлому испытанию
		Г)	тяжёлом испытании
128.	Согласно … , в центре поэмы должен был стоять образ падшего ангела.	А)	первоначального замысла
		Б)	первоначальному замыслу
		В)	с первоначальным замыслом
		Г)	первоначальный замысел
129.	Мир героев романа … целую систему образов, в центре которой стоит Печорин.	А)	носит
		Б)	показывает
		В)	представляет собой
		Г)	изображает
130.	Логикой событий Печорин оказывался … товарища.	А)	убийца
		Б)	убийцы
		В)	убийце
		Г)	убийцей
131.	В судьбе Грушницкого Печорин невольно … фатальную роль.	А)	сыграл
		Б)	имел
		В)	представлял
		Г)	изобразил
132.	К моменту выхода «Героя нашего времени» Лермонтов уже прочно связал свою судьбу с «Отечественными записками», журналом, где … был Белинский.	А)	ведущий критик
		Б)	ведущего критику
		В)	ведущего критика
		Г)	ведущим критиком

Инструкция к заданиям 133-140

В представленном тексте официального письма выберите свой вариант ответа и отметьте его в матрице 6.

133.	Уважаемый … Петров,	А) Б) В) Г)	гражданин товарищ господин директор
134.	… Вас и Ваших коллег	А) Б) В) Г)	благодарен благодарю благодарствую признателен
135.	за … приём, оказанный нашей делегации в России.	А) Б) В) Г)	горячий искренний тёплый жаркий
136.	… Вам, что в соответствии с Вашей просьбой мы изучили возможность	А) Б) В) Г)	Говорю Пишу Извещаю Сообщаю
137.	организации и … стажировки Ваших руководящих работников в США.	А) Б) В) Г)	устройства создания проведения установления
138.	Мы готовы … стажировку Ваших специалистов на одной из крупнейших фирм США.	А) Б) В) Г)	организовать сделать устроить предоставить
139.	Условия приёма Ваших специалистов … в проекте контракта, прилагаемого к письму.	А) Б) В) Г)	выложены изложены положены приложены

140.	… Вас, что мы сделаем всё возможное, чтобы пребывание Ваших специалистов в нашей стране было полезным и приятным. С уважением, (подпись)	А) Убеждаем Б) Утверждаем В) Заверяем Г) Оповещаем

Инструкция к заданиям 141-145

В заданиях 141–145 представлен текст-аннотация.

Выберите свой вариант ответа и отметьте его в матрице 6.

141.	В … учебного пособия	А) основание Б) обоснование В) базис Г) основу
142.	… семантико-функциональный принцип	А) заложен Б) положен В) дан Г) предложен
143.	описания и … учебного материала.	А) подачи Б) выдачи В) отдачи Г) передачи
144.	… формы современного русского языка дифференцируются на трёх уровнях: лексическом, грамматическом и стилистическом.	А) Перебранные Б) Набранные В) Отобранные Г) Подобранные
145.	Пособие … для иностранных учащихся продвинутого этапа обучения.	А) назначено Б) обозначено В) предназначено Г) имеет значение

Инструкция к заданиям 146-150

В заданиях 146–150 представлены примеры *газетно-публицистического стиля*.

Выберите свой вариант ответа и отметьте его в матрице 6.

146.	Одним из центральных … Года кино стал кинофестиваль «Кино без барьеров».	А) мест Б) происшествий В) событий Г) явлений
147.	В программу Культурной олимпиады … и фестиваль спортивного кино.	А) вошёл Б) подошёл В) пришёл Г) пошёл
148.	В его рамках … 80 художественных и документальных фильмов из 14 стран.	А) состоялось Б) указано В) задано Г) показано
149.	Фестиваль «Зелёная гвоздика» был … экологическому кино.	А) дан Б) освещён В) посвящён Г) задан
150.	Для его проведения даже были использованы специальные надувные павильоны, способные … в настоящие видеодекорации.	А) обращаться Б) вращаться В) превращать Г) превращаться

Субтест 2. ЧТЕНИЕ

Инструкция по выполнению теста

- Время выполнения теста – **60 минут.**

- Тест состоит из 2 частей:

    часть 1 (задания 1–15): выполняется на основе текстов 1 и 2.
    часть 2 (задания 16–25): выполняется на основе текста 3.

- Вы получаете тест. Он состоит из 3 текстов, тестовых заданий, инструкции к ним в письменной форме и матрицы. На листе с матрицей напишите свои имя, фамилию и название страны.

- Задания предъявлены в форме множественного выбора. Вам нужно выбрать свой вариант ответа и отметить его в соответствующей матрице.

- Выбирая ответ, отметьте букву, которой он обозначен:

    Например:

    | 3 | А ˅ | Б | В | Г | |

    (Вы выбрали вариант А).

- Если вы изменили свой выбор, не надо ничего исправлять или зачёркивать, внесите свой окончательный вариант ответа в дополнительную графу.

    Например:

    | 3 | А ˅ | Б | В | Г | **В** |

    (Ваш выбор – вариант В).

- Отмечайте правильный выбор только на матрице, в тесте ничего не пишите (проверяется только матрица).

- При выполнении заданий части 2 можно пользоваться толковым словарём русского языка.

ЧАСТЬ 1

Инструкция к заданиям 1–8

- Вам предъявляется текст.
- Ваша задача – прочитать текст и **закончить предложения**, данные после текста, выбрав правильный вариант.
- Правильный вариант ответа необходимо вписать в матрицу.
- Время выполнения задания – **15 минут.**

Задания 1–8. Прочитайте текст 1 и предложения, которые даны после текста. Выполните задания в соответствии с инструкцией.

Текст 1

Кризис в системе мирового образования был обозначен ещё в середине XX века. В это время стремительными темпами происходило развитие в различных областях науки, в сфере производства. Объём информации увеличивался вдвое за период 5–7 лет. Необходимо было прилагать огромные усилия для того, чтобы носить звание образованного человека. Практически каждый встречался с проблемой необходимости повышать свой образовательный уровень для получения или сохранения рабочего места, движения по карьерной лестнице. Сегодня же получатели и заказчики услуг в сфере образования недовольны сроками исполнения своих заказов, знания быстро устаревают и теряют свою актуальность, поэтому требуется постоянная переподготовка и повышение квалификации. Кризис, считают аналитики, происходит потому, что существует множество противоречий. Среди них, например, несоответствие между потребностями имеющегося рынка труда в активных работниках и низким уровнем развития личности. Огромное количество знаний, которые необходимо усвоить, контрастирует с невысокой эффективностью усвоения информации. Кроме того, при всей сложности педагогических задач, мотивация студентов к обучению остаётся крайне низкой. Однако есть и преимущества такой ситуации: кризис явился стимулом для поиска новых методов и технологий обучения.

В качестве предпосылок возникновения кризисной ситуации, которая сложилась в образовательной системе сегодня, выдвигаются характерные черты учебной деятельности, которая выступает как деятельность, лишённая внутренней мотивации, мало привлекательная с психологической точки зрения для учащихся. Поэтому одним из методов преодоления кризиса явилась разработка новых технологий учебного процесса, которые заключаются в усвоении знаний в процессе игровой деятельности.

1. Общемировой кризис в системе образования … .

   А) существовал постоянно

   Б) начался в прошлом столетии

   В) характерен для последних десятилетий нашего века

2. Большинство студентов сегодня … .

   А) учатся под давлением родителей

   Б) не заинтересованы в успешном усвоении знаний

   В) имеют высокую мотивацию к учебе

3. Новая информация сегодня … .

   А) устаревает быстрее, чем человек успевает её усвоить

   Б) полностью усваивается только образованными людьми

   В) абсолютно не усваивается в процессе образовательной деятельности

4. В настоящее время сроки получения образования … .

А) удовлетворяют требованиям работодателей

Б) соответствуют ожиданиям и желаниям студентов

В) не устраивают ни студентов, ни работодателей

5. Уровень образования современных людей обычно … .

А) положительно влияет на построение их карьеры

Б) не связан с их карьерным ростом

В) замедляет движение по карьерной лестнице

6. Образовательная деятельность по своей природе … .

А) противоречива

Б) увлекательна

В) скучна

7. Игровые технологии в образовании … .

А) почти не используются в период кризиса

Б) обусловлены кризисом в данной сфере

В) появились в докризисный период

8. По мнению автора текста, кризис в системе образования … .

А) является однозначно негативным явлением

Б) имеет свои положительные стороны

В) имеет больше преимуществ, чем отрицательных последствий

Инструкция к заданиям 9-15

- Вам предъявляется текст.
- Ваша задача – прочитать текст и **закончить предложения**, данные после текста, выбрав правильный вариант.
- Правильный вариант ответа необходимо вписать в матрицу.
- Время выполнения задания – **15 минут.**

Задания 9–15. Прочитайте текст 2 и предложения, которые даны после текста. Выполните задания в соответствии с инструкцией.

Текст 2

На юге Урала сохранилось древнее поселение, которое называется Аркаим. Оно было случайно обнаружено недалеко от города Челябинска в 1987 году. Местные власти собирались создать там искусственное водохранилище для орошения засушливых полей. Однако учёные заметили странные круги в самом центре долины. В результате раскопок они пришли к выводу о том, что это были остатки древнего памятника, состоящего из укреплённого города, двух некрополей и останков древних пастбищ. Аркаим существовал 40 веков назад, он является таким же древним, как Древний Египет и Вавилон: его предполагаемый возраст даже превышает возраст Древнего Рима на тысячу лет. Однако неизвестно, сколько просуществовал этот уникальный памятник: он сгорел в результате внезапно возникшего в нём пожара.

Открытие Аркаима стало настоящей сенсацией. Стали возникать самые разнообразные версии его происхождения и даже многочисленные псевдонаучные теории. Согласно одной из гипотез, это место считается прародиной славян, согласно другой – колыбелью человеческой цивилизации, согласно третьей, Аркаим был построен внеземными цивилизациями. Однако все эти теории пока не нашли серьёзного научного подтверждения. Масштабные раскопки Аркаима были начаты в 1991 году под руководством археолога Г.Б. Здановича. Сейчас установлено, что памятник имеет радиальную схему и состоит из двух стен, одна из которых окружена другой. Диаметр наружной стены составляет около 160 метров. Пристроенные к стенам помещения напоминают по форме круговые сектора. Подобная схема постройки преследовала не только оборонительную цель, но и имела скрытый смысл: входящему в город нужно было пройти путь, который проходит Солнце. Аркаим был построен полностью из дерева и кирпича, спрессованного из соломы, грунта и навоза. Причём при раскопках было видно, что кирпичи, которыми облицовывали внешние стены, имели разный цвет. Учёные отмечают также наличие в этом древнем поселении системы ливневой канализации для лишней воды, выводившейся во внешний обводной ров.

При изучении плана Аркаима сразу же обнаружилось его сходство с известным памятником Стоунхендж в Англии. Сегодня поселение Аркаим с прилегающей к нему территорией является одним из наиболее посещаемых природно-исторических заповедников.

9. Учёные предполагают, что Аркаим … .

А) был основан немного позже, чем Древний Рим

Б) является ровесником Древнего Рима

В) старше Древнего Рима

10. На месте, где был найден Аркаим, хотели построить … .

А) водохранилище

Б) обсерваторию

В) православный храм

11. Главной геометрической фигурой, лежащей в основе схемы постройки Аркаима, является … .

   А) треугольник

   Б) квадрат

   В) круг

12. Уральский Аркаим и английский Стоунхендж … .

   А) почти одинаковы по площади

   Б) имеют сходный план постройки

   В) созданы приблизительно в одно и то же время

13. Система защиты от внешних врагов в Аркаиме … .

   А) была несовершенной

   Б) отсутствовала

   В) была тщательно продумана

14. Аркаим просуществовал … .

   А) 1000 лет

   Б) 40 веков

   В) период времени, который не удалось точно установить

15. Происхождение и назначение Аркаима … .

   А) лежит за пределами области научного знания

   Б) окружено как научными, так и псевдонаучными теориями

   В) полностью установлено наукой

ЧАСТЬ 2

Инструкция к заданиям 16-25

- Вам предъявляется отрывок из художественного текста. Ваша задача – прочитать текст и **закончить предложения**, данные после текста, выбрав правильный вариант и вписав его в матрицу.

- При выполнении задания можно пользоваться толковым словарём русского языка.

- Время выполнения задания – **30 минут.**

Задания 16–25. Прочитайте текст 3 (отрывок из повести В.П. Крапивина «Старый дом») и предложения, которые даны после текста. Выполните задания в соответствии с инструкцией.

Текст 3

… Дом был небольшой. Старый и деревянный. Двухэтажный. Жили в нём разные люди: монтёр Веточкин, который всем чинил электроплитки и любил играть в домино; фотограф по фамилии Кит, который фотографировал только на работе, а дома – никогда; очень застенчивый музыкант Соловейкин, который играл на трубе. Жила Аделаида Фёдоровна – женщина, считавшая, что её все обижают. Жил Вовка – обыкновенный третьеклассник. Ещё обитал в доме ничей котёнок с удивительным именем – Акулич. И кроме того, в квартире номер шесть проживал Пётр Иванович. Днём он работал в конторе, а по вечерам писал жалобы. На всех по очереди. На монтёра Веточкина – за то, что он чинит электроплитки, а телевизоры чинить не умеет. На музыканта Соловейкина – за то, что однажды он солнечным майским утром заиграл дома на трубе. На Вовку – за то, что он не поздоровался на лестнице. На Акулича – за то, что он ничей. На товарища Кычикова – за то, что он допускает все эти безобразия.

Ответы на жалобы иногда приходили с опозданием. Тогда Пётр

Иванович писал жалобы на тех, кто задерживает ответы.

У старого дома был свой характер. Одних жильцов дом любил, других – не очень. Иногда он бывал в хорошем настроении, весело хлопал дверьми, празднично звякал стёклами, посвистывал всеми щелями и даже в самые тёмные углы пускал солнечных зайчиков, за которыми охотился Акулич. Иногда дом сердился или скучал. Ступени сварливо скрипели, углы с кряхтеньем оседали, с потолков сыпались чешуйки мела.

Но не думайте, что дом был ворчлив и страдал болезнями. Грустил он редко, ревматизма у него не было, и он не боялся сырой погоды.

О том, что у дома есть характер, знали только Вовка и Акулич. Но Акулич никому про это не рассказывал, потому что не умел говорить. А Вовка не рассказывал, потому что некому было. О таких важных вещах говорят лишь самым надёжным друзьям, которые всё понимают. Но Вовкин друг Сеня Крабиков уехал. Насовсем. В город, который лежит у очень синего моря. Иногда получается в жизни так неправильно: живут два хороших друга, а потом вдруг один уезжает. Далеко-далеко. А второй остаётся. И обоим грустно. Ведь не так легко найти нового хорошего друга. Да если и найдёшь, он не заменит старого.

16. Между обитателями дома ... .

А) были дружеские отношения

Б) иногда случались ссоры и недоразумения

В) никогда не было взаимопомощи

17. Жильцы дома, которые всегда были всем недовольны, – это ... .

А) Веточкин и Кычиков

Б) Пётр Иванович и Аделаида Фёдоровна

В) Вовка и Акулич

18. Самым скромным из обитателей дома был … .

А) Веточкин

Б) Соловейкин

В) Вовка

19. Автор описывает дом как … .

А) обычное строение

Б) природную стихию

В) живое существо

20. Дом относился к своим жильцам … .

А) одинаково хорошо

Б) по-разному

В) равнодушно

21. Состояние дома … .

А) требовало серьёзного ремонта

Б) требовало только косметического ремонта

В) было отличное

22. Вовка был одинок, потому что … .

А) никогда не имел настоящего друга

Б) переживал разлуку со старым другом

В) имел неуживчивый характер

23. Характер дома можно называть … .

А) ворчливым

Б) тяжёлым

В) лёгким

24. Хозяина у котёнка Акулича … .

    А) отправили в далёкий морской город

    Б) звали Вовка

    В) никогда не было

25. Одной из важных тем повести, согласно этому отрывку, является тема … .

    А) взаимоотношений людей и животных

    Б) межличностных отношений

    В) плохого состояния жилья в России

Субтест 3. ПИСЬМО

Инструкция к выполнению теста

- Время выполнения теста – **55 мин.**

- Тест состоит из 3-х заданий.

- Задания и инструкции к ним Вы получаете в письменном виде.

- В инструкциях содержатся следующие указания.

  - **Жирный шрифт.** Жирным шрифтом в тексте задания выделено намерение (интенции – напр.: **дать рекомендацию, охарактеризовать человека**), которое Вы должны реализовать в письменной форме, а также **тип/жанр текста**, в котором должен быть написан Ваш текст.

  - **Время выполнения задания.** Время, отведённое на ознакомление с заданием и его выполнение.

  - **Объём текста.** Учитывается количество слов в тексте, который Вы будете писать.

  - **Время предъявления материала.** В случае предъявления печатного текста — время на его чтение.

- При выполнении теста разрешается пользоваться толковым словарём русского языка.

Инструкция к заданию 1

- Вам будет предъявлен печатный текст/тексты.

- Ваша задача – на основании прочитанного **написать письмо рекомендательного характера**.

- Время предъявления материала: **5 мин.**

- Объём печатного текста: **180 слов.**
- Время выполнения задания: **15 мин.**
- Объём требуемого текста: **50–70 слов.**

Задание 1. Ваш друг планирует поехать в Санкт-Петербург на каникулы. На основе предложенной рекламной информации напишите письмо, в котором Вы рекомендуете отель, где он сможет остановиться в Санкт-Петербурге. Ваше письмо должно содержать информацию, достаточную для принятия решения.

Гостиница «Россия»	**Гостиница На Садовой**
Чернышевского пл., д. 11, метро. «Парк Победы» 500 м. 7 (812) 941-29-37	ул. Садовая, д. 53, м. метро «Сенная площадь» – 700 м +7 (812) 533-31-18
Номера бизнес-, комфорт- и эконом-класса.	**1-о, 2-х, 3-х и 4-х-местные номера** **Цена за ночь – от 900 руб.**
В номере – ванная комната, туалет, телефон, телевизор, фен, холодильник. Есть Wi-Fi. Возможна безналичная оплата. Цена номера – от 4800 руб.	В номере телевизор, вся мебель. Все кровати одноярусные. На этаже – кулеры с горячей/холодной питьевой водой, фен, гладильная доска, утюг, автомат с напитками. Душевая и туалет – общие (на этаже).

Александр Хаус

Набережная Крюкова канала, д. 27,
Тел. +7 (812) 913-16-46

Недалеко от центра!
Бесплатный завтрак
Бесплатная парковка
Wi-Fi

Мини отель
«Эридан»

Вознесенский пр. д.41
Метро «Садовая»
+7 (812) 938-23-68

Цены: 4500– 5000 руб.
Номера люкс, комфорт

Просторные санузлы
Большой телевизор в номере

Мини-отель
Лира

Московский проспект, д. 8,
ст. метро «Сенная площадь».
7 (812) 933-26-58+

Номера на **2, 4, 6, 8 человек**.
50 номеров, размещение до 150 человек

На этаже: мини-кухня (холодильник, чайник, микроволновая печь, посуда), общие санузлы и душевые кабины.

Номера люкс, полулюкс – душ и туалет в номере.

Инструкция к заданию 2

- Вам предлагается ситуация, относящаяся к официально-деловой сфере общения.
- Ваша задача – **написать текст официально-делового характера** в соответствии с представленной ситуацией и предложенным заданием.
- Время выполнения задания: **15 мин.**
- Объём требуемого текста: **50–70 слов.**

Задание 2. Вы проводите научное исследование, обучаясь в аспирантуре университета. Напишите заявление, в котором вы просите командировать вас в другой город для сбора необходимого материала.

Инструкция к заданию 3

- Вам предлагается ситуация, относящаяся к социально-бытовой сфере общения.
- Ваша задача – **написать неформальное письмо** в соответствии с представленной ситуацией и предложенным заданием.
- Время выполнения задания: **20 мин.**
- Объём текста: **100–150 слов.**

Задание 3. Ваш знакомый – директор московской картинной галереи – обратился к Вам с просьбой охарактеризовать человека, который претендует на роль организатора крупной международной художественной выставки. Вы хорошо знаете этого претендента по

вашей совместной предыдущей работе.

Напишите **дружеское (неформальное) письмо, в котором Вы должны охарактеризовать** этого человека, а именно:

- его личностные качества;
- деловые качества;
- факты и события из его жизни, которые привлекли Ваше внимание.

Оцените, соответствуют ли личностные и деловые качества этого человека поставленной задаче.

Субтест 4. АУДИРОВАНИЕ

Инструкция по выполнению теста

- Время выполнения теста – **35 мин.**

- Тест состоит из 4-х частей, включающих 25 заданий: часть 1 (задания 1–10); часть 2 (задания 11–15); часть 3 (задания 16–20); часть 4 (задания 21–25).

- Перед выполнением теста Вы получаете задания, инструкции к ним в письменном виде и лист с матрицей. На листе с матрицей напишите свои фамилию, имя и название страны.

- Тест выполняется по частям. Вы знакомитесь с инструкцией и заданиями к данной части, прослушиваете текст, затем выбираете вариант ответа к каждому из заданий и отмечаете его в матрице.

    Например:

    | 1 | А | Б ✓ | В | |

    (Вы выбрали вариант Б).

- Если Вы изменили свой выбор, не надо ничего исправлять или зачёркивать. Внесите свой окончательный вариант ответа в дополнительную графу.

    | 1 | А | Б ✓ | В | **В** |

    (**Вы выбрали вариант В**).

- В инструкциях содержатся указания:

    Время выполнения заданий. Время между двумя заданиями теста по аудированию, отведённое для заполнения матрицы.

    Время звучания аудиотекста. Время, в течение которого звучит запись.

    Количество предъявлений: 1.

- Пользоваться словарём не разрешается. В тесте ничего не пишите! Проверяться будет только матрица.

ЧАСТЬ 1

Инструкция к заданиям 1–5

- **Задания 1–5 выполняются после прослушивания диалога.**
- Время выполнения заданий: **5 мин.**
- Время звучания диалога: **30 сек.**
- Количество предъявлений: **1**.

Задания 1–5. Прослушайте диалог двух людей при их встрече и выберите вариант ответа к каждому из заданий.

(звучит диалог)

1. **Инициатору разговора А не нравится … собеседницы.**

    А) внешний вид

    Б) ведение беседы

    В) модное платье

2. **Инициатор разговора А хочет, чтобы одежда собеседницы А выглядела … .**

    А) спортивной

    Б) старомодной

    В) современной

3. **В словах инициатора разговора А звучит … .**

    А) возмущение

    Б) восхищение

    В) удивление

4. Инициатор разговора А и собеседница Б... .

А) мало знакомы

Б) близко знакомы

В) не знакомы

5. Речь участников диалога характерна для ... общения.

А) разговорного

Б) делового общения

В) диалектного

Инструкция к заданиям 6–10

- **Задания 6–10 выполняются после прослушивания рекламной информации.**
- Время выполнения заданий: **5 мин.**
- Время звучания реплики: **30 сек.**
- Количество предъявлений – **1**.

Задания 6–10. Прослушайте информацию и выберите вариант ответа к каждому из заданий.

(звучит информация)

6. Информация взята ... .

А) из печатного издания

Б) из телеинформации

В) из новостей по радио

7. В университете … конкурс при поступлении среди университетов Урала.

   А) самый маленький

   Б) самый большой

   В) примерно одинаковый

8. Одной из причин этого является … бесплатных мест для студентов.

   А) уменьшение

   Б) увеличение

   В) отсутствие

9. Автор информации – … .

   А) студент

   Б) журналист

   В) работник университета

10. Специалисты, закончившие наш университет, … .

   А) не могут найти работу

   Б) быстро находят работу

   В) уезжают в деревню

ЧАСТЬ 2

Инструкция к заданиям 11–15

- **Задания 11–15 выполняются после просмотра видеозаписи.**
- Время выполнения заданий: **6 мин.**
- Время звучания диалога: **2 мин.**
- Количество предъявлений: **1.**

Задания 11–15. Посмотрите фрагмент видеозаписи кинофильма «Московские каникулы» и выберите вариант ответа к каждому из заданий.

(идёт видеозапись телесериала)

11. Лучана везёт в багаже собаку, чтобы … .

А) подарить

Б) похоронить

В) перепродать

12. Лучана хотела, чтобы стюардесса … .

А) принесла ей напиток

Б) позвала лётчика

В) поменяла ей место

13. Экипаж самолёта обнаружил, что в клетке … .

А) мёртвая собака

Б) нет собаки

В) чёрная собака

14. Командир экипажа приказал … .

А) приготовиться к посадке

Б) накормить собаку

В) найти другую собаку

15. Лучана, увидев, что случилось, была … .

А) смущена и растрогана

Б) испугана и рассержена

В) взволнована и обрадована

Инструкция к заданиям 16–20

- **Задания 16–20 выполняются после прослушивания аудиозаписи новостей.**
- Время выполнения заданий: **6 мин.**
- Время звучания аудиотекста: **2 мин.**
- Количество предъявлений: **1**.

Задание 16–20. Прослушайте аудиозапись новостей и выберите вариант ответа к каждому из заданий.

(звучит аудиозапись новостей)

16. **Беспокойство людей и правительства Свердловской области вызывает**

    А) землетрясение

    Б) наводнение

    В) мороз

17. **Доклады будут читать … врачи.**

    А) только иностранные

    Б) только российские врачи

    В) российские и иностранные

18. **Весна в Москве в этом году … .**

    А) опаздывает

    Б) пришла вовремя

    В) пришла раньше

19. В музее представлена ... университета

А) культура

Б) история

В) архитектура

20. Индийская черепаха была самой старой ... .

А) в России

Б) в Индии

В) во всём мире

Инструкция к заданиям 21–25

- **Задания 21–25 выполняются после просмотра видеозаписи интервью.**
- Время выполнения заданий: **6 мин.**
- Время звучания аудиотекста: **2 мин.**
- Количество предъявлений: **1.**

Задания 21–25. Прослушайте запись аудиоинтервью журналиста Николая Пешкова с известным телеведущим Эдвардом Радзинским.

(звучит аудиозапись)

21. Радзинский считает, что искусство актёра ... .

А) недоступно никому, кроме самого актёра

Б) доступно истинному писателю-драматургу

В) самое лучшее искусство в мире

22. Радзинский не боится редко выходить в эфир, потому что ... .

А) его жизнь связана напрямую с театром

Б) ему неинтересно часто выступать на ТВ

В) публике важны его рассказы, а не он сам

23. Радзинский стал телеведущим ... .

А) неожиданно, придя на ТВ совсем по другому поводу

Б) сыграв в телеспектакле, который всем понравился

В) после сдачи нескольких трудных экзаменов

24. Телепередачи с участием Радзинского ... .

А) часто прерываются рекламой

Б) обычно идут без рекламных вставок

В) всегда выходят в эфир утром

25. Радзинский считает, что личная жизнь писателя ... .

А) не должна напрямую афишироваться

Б) не отражается в его произведениях

В) должна быть открыта всем читателям

Субтест 5. ГОВОРЕНИЕ

Инструкция по выполнению теста

- Время выполнения теста – **45 мин.**
- Тест состоит из 3-х частей, включающих 15 заданий.
- Задания и инструкции к ним Вы получаете в письменном виде.
- В инструкциях содержатся указания:

  - **Вы работаете с аудиозаписью!** Это означает, что реплики Вашего собеседника записаны в звуковом файле и Ваши ответные реплики должны уложиться в паузы после реплик собеседника.

  - **Ваш собеседник – тестирующий.** Это означает, что роль Вашего собеседника в соответствии с предъявленным заданием выполняет тестирующий.

  - **Задание выполняется без подготовки.** Это означает, что задание выполняется сразу после его предъявления.

  - **Жирный шрифт.** Жирным шрифтом в тексте заданий выделены слова, обозначающие намерения (интенции). Эти намерения Вы должны обязательно выразить в ходе выполнения задания. Например: **согласитесь, выразите мнение, убедите** и т.д.

  - **Время выполнения задания.** Учитывается только время устного сообщения.

  - **Время на подготовку.** Это означает, что после предъявления задания Вам даётся определённое время на подготовку к его выполнению.

  - **Пауза для ответа.** Это означает, что Ваша реплика должна уложиться в указанное время.

- Все Ваши высказывания записываются в аудиофайл.
- Пользоваться словарём не разрешается.
- Задания 1–4 и 5–8 выполняются без предъявления реплик тестирующего в письменном виде.

ЧАСТЬ 1

Инструкция к заданиям 1–4

- **Вы работаете с аудиозаписью!**
- Ваша задача – **поддержать диалог** в соответствии с заданием.
- Задание выполняется без подготовки.
- Время выполнения задания: **1,5 мин.**
- Пауза для ответа: **10 сек.**
- Количество предъявлений: **1.**

Задания 1–4. Представьте себе, что вы с другом смотрели новый кинофильм. Другу фильм понравился, а Вам – нет. Возразите ему, используйте антонимичные оценочные слова.

1. – Вот это да! Какие убедительные характеры!

   – … .

2. – И сколько эмоций! Прямо до слёз!

   – … .

3. – И в спецэффектах самые высокие технологии!

   – … .

4. – По-моему, очень позитивное кино.

   – … .

Инструкция к заданиям 5–8

- **Вы работаете с аудиозаписью!**
- Ваша задача – **ответить на реплики собеседника** в соответствии с заданной ситуацией и указанным намерением.

- **Задание выполняется без подготовки.**
- Время выполнения задания: **1,5 мин.**
- Пауза для ответа: **15 сек.**
- Количество предъявлений: **1.**

Задания 5–8. Вы разговариваете с другом, который сдаёт экзамены в автошколе. Отреагируйте на реплики собеседника, выражая заданные намерения.

5. – **Выразите сожаление:**

– Я не сдал экзамен по вождению...

– … .

6. – **Поддержите:**

– Если не сдам второй раз, значит, деньги – на ветер.

– … .

7. – **Укорите:**

– По-моему, я вообще не способен водить.

– … .

8. – **Выразите пожелание:**

– Ладно, буду готовиться.

– … .

Инструкция к заданиям 9–12

- **Вы работаете с аудиозаписью!**

- Вам будут предъявлены **4 реплики** в письменном виде.
- Ваша задача – **воспроизвести** реплики с интонацией, соответствующей намерению, которое предложено в задании.
- **Задание выполняется без подготовки.**
- Время выполнения задания: **1,5 мин.**

Задания 9–12. Воспроизведите реплики с интонацией, соответствующей следующим намерениям:

9. Вы **возмущены**: – Почему ты всегда опаздываешь?!

10. Вы **удивлены**: – Какая огромная собака! И такая добрая!

11. Вы **рады**: – Я сдал тест на сто баллов!

12. Вы **разочарованы**: – Такой скучный спектакль! Я ждал бо́льшего…

ЧАСТЬ 2

Инструкция к заданию 13

- Задание 13 выполняется после просмотра видеосюжета.
- Ваша задача – составить **подробный рассказ** об увиденном в соответствии с предложенным заданием.
- Количество предъявлений: **1.**
- Время на подготовку: **10 мин.**
- Время выполнения задания: **3–5 мин.**

Задание 13. Расскажите о просмотренном отрывке из фильма. Опишите ситуацию и действующих лиц и выскажите предположение, почему, по вашему мнению, возникла такая ситуация.

Инструкция к заданию 14

- Вы **инициатор** диалога.
- **Ваш собеседник – тестирующий.**
- Ваша задача – подробно **расспросить** своего собеседника, исходя из предложенной ситуации.
- Время на подготовку: **3 мин.**
- Время выполнения задания: **3–5 мин.**

Задание 14. Вы прочитали в газете объявление:

Компания «Рутелеком» приглашает на работу сотрудников в новый Центр обслуживания клиентов. Конкурсный отбор до 1 марта! Гибкий график работы, процент с продаж, карьерный рост! Справки по тел. (343)-3-719-241 и на сайте компании.

Это объявления вас заинтересовало. Позвоните по указанному телефону и расспросите обо всём как можно более подробно, чтобы решить, стоит ли Вам участвовать в конкурсе для приёма на работу.

Инструкция к заданию 15

- Вы должны принять участие в **обсуждении** определённой **проблемы**.
- **Ваш собеседник – тестирующий.**

- Ваша задача – в процессе беседы **высказать и отстоять свою точку зрения** по предложенному вопросу, адекватно реагируя на реплики тестирующего.

- **Задание выполняется без подготовки.**

- Время выполнения задания: **не более 10 мин.**

Задание 15. Примите участие в беседе на тему, предложенную тестирующим.

Возможные варианты тем:

1. Отцы и дети: проблемы взаимопонимания.

2. Социальные сети или личные отношения?

3. Миграционные процессы в мире: плюсы и минусы.

4. Изменение климата – угроза номер один?

5. Утилизация мусора и проблемы экологии.

6. Жизнеспособен ли гражданский брак?

2부 정답

Контрольные матрицы

ЛЕКСИКА. ГРАММАТИКА

어휘, 문법 영역 정답

Матрица № 1					Матрица № 2				
1	А	**Б**	В	Г	26	**А**	Б	В	Г
2	А	Б	**В**	Г	27	А	Б	**В**	Г
3	А	**Б**	В	Г	28	А	Б	В	**Г**
4	**А**	Б	В	Г	29	А	**Б**	В	Г
5	А	Б	**В**	Г	30	**А**	Б	В	Г
6	А	Б	В	**Г**	31	А	Б	**В**	Г
7	А	**Б**	В	Г	32	А	**Б**	В	Г
8	А	**Б**	В	Г	33	А	Б	**В**	Г
9	А	Б	**В**	Г	34	А	Б	В	**Г**
10	**А**	Б			35	**А**	Б	В	Г
11	А	**Б**			36	А	Б	**В**	Г
12	**А**	Б			37	А	Б	**В**	Г
13	А	**Б**			38	А	Б	**В**	Г
14	**А**	Б			39	А	**Б**	В	Г
15	А	**Б**			40	А	Б	**В**	Г
16	А	**Б**			41	**А**	Б	В	Г
17	**А**	Б			42	А	Б	В	**Г**
18	А	**Б**			43	А	Б	В	**Г**
19	А	**Б**			44	А	Б	**В**	Г
20	**А**	Б			45	А	**Б**	В	Г
21	А	**Б**			46	А	Б	**В**	Г
22	**А**	Б			47	А	Б	**В**	Г
23	**А**	Б			48	**А**	Б	В	Г
24	А	**Б**			49	А	**Б**	В	Г
25	А	**Б**			50	А	Б	В	**Г**

Матрица № 3				
51	А	**Б**	В	Г
52	А	Б	**В**	Г
53	**А**	Б	В	Г
54	А	Б	**В**	Г
55	А	Б	В	**Г**
56	**А**	Б	В	Г
57	А	Б	В	**Г**
58	А	Б	**В**	Г
59	**А**	Б	В	Г
60	А	Б	В	**Г**
61	А	Б	**В**	Г
62	А	Б	**В**	Г
63	**А**	Б	В	Г
64	А	Б	**В**	Г
65	А	Б	**В**	Г
66	А	Б	В	**Г**
67	А	**Б**	В	Г
68	А	Б	В	**Г**
69	**А**	Б	В	Г
70	А	**Б**	В	Г
71	А	**Б**	В	Г
72	А	Б	В	**Г**
73	**А**	Б	В	Г
74	А	**Б**	В	Г
75	А	Б	**В**	Г

Матрица № 4				
76	А	**Б**	В	Г
77	А	Б	В	**Г**
78	**А**	Б	В	Г
79	**А**	Б	В	Г
80	А	Б	В	**Г**
81	А	**Б**	В	Г
82	А	Б	**В**	Г
83	А	Б	**В**	Г
84	А	**Б**	В	Г
85	А	Б	В	**Г**
86	**А**	Б	В	Г
87	А	**Б**	В	Г
88	А	Б	**В**	Г
89	А	Б	**В**	Г
90	А	**Б**	В	Г
91	А	Б	В	**Г**
92	**А**	Б	В	Г
93	А	Б	**В**	Г
94	А	**Б**	В	Г
95	А	**Б**	В	Г
96	А	Б	В	**Г**
97	А	Б	**В**	Г
98	А	**Б**	В	Г
99	А	**Б**	В	Г
100	А	**Б**	В	Г

Матрица № 5				
101	**А**	Б	В	Г
102	А	Б	**В**	Г
103	А	Б	В	**Г**
104	А	Б	В	**Г**
105	А	Б	**В**	Г
106	А	Б	**В**	Г
107	А	Б	**В**	Г
108	А	**Б**	В	Г
109	А	Б	В	**Г**
110	А	Б	В	**Г**
111	А	**Б**	В	Г
112	А	**Б**	В	Г
113	**А**	Б	В	Г
114	**А**	Б	В	Г
115	А	Б	**В**	Г
116	А	Б	В	**Г**
117	А	Б	**В**	Г
118	А	**Б**	В	Г
119	**А**	Б	В	Г
120	А	**Б**	В	Г
121	А	Б	**В**	Г
122	А	Б	В	**Г**
123	А	Б	**В**	Г
124	А	**Б**	В	Г
125	**А**	Б	В	Г

Матрица № 6				
126	А	Б	В	**Г**
127	А	**Б**	В	Г
128	А	**Б**	В	Г
129	А	Б	**В**	Г
130	А	Б	В	**Г**
131	**А**	Б	В	Г
132	А	Б	В	**Г**
133	А	Б	**В**	Г
134	А	**Б**	В	Г
135	А	Б	**В**	Г
136	А	Б	В	**Г**
137	А	Б	**В**	Г
138	**А**	Б	В	Г
139	А	**Б**	В	Г
140	А	Б	**В**	Г
141	**А**	Б	В	Г
142	А	**Б**	В	Г
143	**А**	Б	В	Г
144	А	Б	**В**	Г
145	А	Б	**В**	Г
146	А	Б	**В**	Г
147	**А**	Б	В	Г
148	А	Б	В	**Г**
149	А	Б	**В**	Г
150	А	Б	В	**Г**

Итоговая контрольная таблица

Часть	Количество ситуаций выбора	Задания	Оценка в баллах	Максимальное количество баллов	Количество баллов, полученное тестируемым
1	25	1 – 25	1,0	25	
2	25	26 – 50	1,0	25	
3	25	51 – 75	1,0	25	
4	25	76 – 100	1,0	25	
5	25	101 – 125	1,0	25	
6	25	126 – 150	1,0	25	
Итого:	150	150		150	

Таким образом, весь тест по лексике и грамматике оценивается в 150 баллов. При оценке результатов тестирования выделяется два уровня:

удовлетворительный – **99** баллов и выше

неудовлетворительный – менее **99** баллов

ЧТЕНИЕ

읽기 영역 정답

1	А	**Б**	В
2	А	**Б**	В
3	**А**	Б	В
4	А	Б	**В**
5	**А**	Б	В
6	А	Б	**В**
7	А	**Б**	В
8	А	**Б**	В
9	А	Б	**В**
10	**А**	Б	В
11	А	Б	**В**
12	А	**Б**	В
13	А	Б	**В**

14	А	Б	**В**
15	А	**Б**	В
16	А	**Б**	В
17	А	**Б**	В
18	А	**Б**	В
19	А	Б	**В**
20	А	**Б**	В
21	**А**	Б	В
22	А	**Б**	В
23	А	Б	**В**
24	А	Б	**В**
25	А	**Б**	В

Итоговая контрольная таблица

Задания	Максимальная оценка в баллах по каждому тексту	Количество баллов, полученное тестируемым
1 – 8	48	
9 – 15	42	
16 – 25	60	
Итого:	150	

Таким образом, весь тест по чтению оценивается в 150 баллов.

При оценке результатов тестирования по чтению выделяется 2 уровня:

удовлетворительный – **99** баллов и выше

неудовлетворительный – менее **99** баллов.

ПИСЬМО

쓰기 영역 예시 답안

Задание 1. **Ваш друг планирует поехать в Санкт-Петербург на каникулы. На основе предложенной рекламной информации** *напишите письмо*, **в котором Вы рекомендуете отель, где он сможет остановиться в Санкт-Петербурге. Ваше письмо должно содержать информацию, достаточную для принятия решения.**

Первый вариант ответа

Привет, Саша!

В ответ на твой вопрос хочу порекомендовать гостиницу «На Садовой», которая находится в центре города, недалеко от станции метро «Сенная площадь». Это бюджетный вариант. Там низкие цены, но при этом есть всё необходимое.

Или можешь остановиться в гостинице «Александр Хаус», тоже в центре. Там работает вай-фай и даже есть бесплатный завтрак.

Выбор за тобой.

Хорошего путешествия!

Катя

Второй вариант ответа

Кирилл!

В ответ на твою просьбу рекомендую забронировать номер в мини-отеле класса люкс «Эридан». Цены там не очень высокие, зато номера комфортные, с большим телевизором. Ты же любишь смотреть футбол по телевизору.

Могу посоветовать также гостиницу «Россия». Она находится не в центре, но есть все условия для комфортного проживания (ванная, туалет, телевизор, холодильник и т.д.). К тому же там возможна безналичная оплата.

Приятного отдыха!

Олег

Задание 2. **Вы проводите научное исследование, обучаясь в аспирантуре университета.** *Напишите заявление*, **в котором вы просите командировать вас в другой город для сбора необходимого материала.**

Первый вариант ответа

Проректору по научной работе
Рязанского университета
Степанову А.А.
от аспиранта кафедры
русского языка для
иностранных учащихся
Ан Вонсу

Заявление

Прошу командировать меня в Российскую государственную библиотеку (Россия, Москва) с 1 сентября по 1 октября 2016 года для ознакомления с материалами по теме диссертации («Топонимия Москвы»).

Обязуюсь предоставить научный отчёт в течение трёх рабочих дней после окончания командировки.

30.12.2015.
Ан Вонсу

Второй вариант ответа

Заведующей кафедрой
русского языка
Уральского университета
Светляковой М. Е.
от аспирантки кафедры
русского языка
Пак Сори

Заявление

Прошу командировать меня в библиотеку Российской академии наук (Россия, Санкт-Петербург) с 15 сентября по 9 ноября 2016 года с целью сбора материала, необходимого для написания диссертационной работы по теме «Произносительные особенности разговорной речи».

Обязуюсь предоставить научный отчёт в течение недели после окончания командировки.

01.09.2016.
Пак Сори

Задание 3. **Ваш знакомый – директор московской картинной галереи – обратился к Вам с просьбой охарактеризовать человека, который претендует на роль организатора крупной международной художественной выставки. Вы хорошо знаете этого претендента по вашей совместной предыдущей работе.**

Первый вариант ответа

Дорогая Татьяна!

Пишу по поводу твоей просьбы.

Я прекрасно знаю Николая, так как мы вместе проработали двенадцать лет в Художественном музее.

Он с отличием окончил Санкт-Петербургскую академию художеств, после этого его сразу приняли на работу в Художественный музей. Ещё в студенческие годы он ездил на стажировку в Милан, получил блестящие отзывы.

Он не просто талантливый художник, но и замечательный организатор. Николай провёл в нашем музее около двадцати выставок, восемь из которых – международные. Он всегда ответственно подходит к делу, сосредоточенно работает. К тому же Николай прекрасно ладит с людьми, он человек общительный, весёлый.

На мой взгляд, он идеально подходит на роль организатора крупной международной выставки.

Решать тебе.

Кристина

Второй вариант ответа

Виктор!

С радостью отвечаю на твою просьбу.

Я знаю Ольгу по нашей совместной работе в Государственной городской галерее. Ольга – художник с большим опытом работы. У неё были три персональные выставки в Москве и даже своя выставка в Германии. Её ценят как прекрасного пейзажиста. Кроме того, Ольга сама стала организатором трёх международных выставок молодых художников в нашей галерее.

Ольга берётся за любые проекты, с лёгкостью находит спонсоров, в срок подготавливает необходимые документы. У неё большой круг общения, так как сама она позитивная, активная, улыбчивая.

Мне кажется, сложно найти кого-то более подходящего на роль организатора международной выставки, чем Ольга.

Мой тебе совет: позвони Ольге и обсуди с ней идею выставки.

Удачи!

Людмила

Методические рекомендации

Обработка результатов тестирования

Обработка результатов тестирования производится при помощи рейтерских таблиц, составленных для каждого задания.

Рейтерские таблицы представляют собой шкалу оценок, которая учитывает выражение содержания и интенции, а также соответствие лексико-грамматическим нормам. Тестирующий отмечает выставляемые баллы в рейтерской таблице и заносит сумму баллов за задание в графу **Итого**. Затем подсчитывается количество баллов за каждое задание в графе **Всего**. Количество баллов, полученное за каждое задание, заносится в итоговую контрольную таблицу.

В задании 1 по шестибалльной системе (от 0 до 5) оценивается умение тестируемого составлять письменный текст рекомендательного характера на основе предъявляемой информации.

5 баллов ставится,	если качество речевого продукта тестируемого полностью соответствует основным характеристикам данного параметра, при этом тестируемый демонстрирует владение нормами русского языка.
4 балла ставится,	если качество речевого продукта тестируемого соответствует основным характеристикам данного параметра, но тестируемый допускает ошибки, не ведущие к нарушению норм выражения данного параметра.
3 балла ставится,	если качество речевого продукта тестируемого не вполне соответствует основным характеристикам данного параметра из-за наличия ошибок, искажающих смысл.

2 балла ставится, если качество речевого продукта тестируемого нарушает нормы речевой реализации данного параметра.

1 балл ставится, если качество речевого продукта тестируемого не соответствует нормам речевой реализации данного параметра.

0 баллов ставится, если данный параметр не отражён в речи тестируемого.

Рейтерские таблицы. Письмо (II уровень)

Рейтерская таблица № 1

Объекты контроля	Шкала оценок						Итого
СОДЕРЖАТЕЛЬНЫЙ КОМПОНЕНТ							
1. Умение представить информацию, достаточную для принятия решения адресатом речи	0	1	2	3	4	5	
ИНТЕНЦИЯ							
2. Умение дать рекомендацию	0	1	2	3	4	5	
КОМПОЗИЦИОННАЯ СТРУКТУРА И ФОРМА							
3. Адекватность формы и структуры изложения содержанию и интенциям продуцируемого текста	0	1	2	3	4	5	
ЯЗЫКОВЫЕ СРЕДСТВА							
4. Соответствие использованных языковых средств нормам современного русского языка	0	1	2	3	4	5	

Всего:

В задании 2 по шестибалльной системе (от 0 до 5) оценивается умение тестируемого писать текст официально-делового характера.

Рейтерская таблица № 2

Объекты контроля	Шкала оценок						Итого
СОДЕРЖАТЕЛЬНЫЙ КОМПОНЕНТ							
1. Умение представить ситуацию	0	1	2	3	4	5	
ИНТЕНЦИЯ							
2. Умение выразить интенцию в соответствии с предлагаемым заданием (объяснение причины)	0	1	2	3	4	5	
КОМПОЗИЦИОННАЯ СТРУКТУРА И ФОРМА							
3. Адекватность формы и структуры изложения содержанию и интенциям продуцируемого текста	0	1	2	3	4	5	
ЯЗЫКОВЫЕ СРЕДСТВА							
4. Соответствие использованных языковых средств нормам современного русского языка	0	1	2	3	4	5	

Всего:

В задании 3 по шестибалльной системе (от 0 до 5) оценивается умение тестируемого писать неформальное письмо.

Рейтерская таблица № 3

Объекты контроля	Шкала оценок						Итого
СОДЕРЖАТЕЛЬНЫЙ КОМПОНЕНТ							
1. Умение охарактеризовать личные качества	0	1	2	3	4	5	
2. Умение охарактеризовать деловые качества	0	1	2	3	4	5	
ИНТЕНЦИЯ							
3. Умение выразить оценочные отношения	0	1	2	3	4	5	
КОМПОЗИЦИОННАЯ СТРУКТУРА И ФОРМА							
4. Адекватность формы и структуры изложения содержанию и интенциям продуцируемого текста	0	1	2	3	4	5	
ЯЗЫКОВЫЕ СРЕДСТВА							
5. Соответствие использованных языковых средств нормам современного русского языка	0	1	2	3	4	5	

Всего:

Итоговая контрольная таблица

Задания	Максимальное количество баллов	Количество баллов, полученное тестируемым
1	20	
2	20	
3	25	
Итого:	65	

Таким образом, весь тест по письму оценивается в 65 баллов. При оценке результатов тестирования по письму выделяется 2 уровня:

удовлетворительно — **43** балла и выше;

неудовлетворительно — менее **43** баллов.

АУДИРОВАНИЕ
듣기 영역 정답

#			
1	**А**	Б	В
2	А	Б	**В**
3	**А**	Б	В
4	А	**Б**	В
5	**А**	Б	В
6	**А**	Б	В
7	А	**Б**	В
8	**А**	Б	В
9	А	**Б**	В
10	А	**Б**	В
11	А	**Б**	В
12	А	**Б**	В
13	**А**	Б	В
14	А	Б	**В**
15	А	**Б**	В
16	А	**Б**	В
17	А	Б	**В**
18	**А**	Б	В
19	А	**Б**	В
20	А	Б	**В**
21	А	**Б**	В
22	А	Б	**В**
23	**А**	Б	В
24	А	**Б**	В
25	**А**	Б	В

Итоговая контрольная таблица по субтесту «Аудирование»

Задания	Максимальное количество баллов	Количество баллов, полученное тестируемым
1 – 5	30	
6 – 10	30	
11 – 15	30	
16 – 20	30	
21 – 25	30	
Итого:	150	

Таким образом, весь тест по аудированию оценивается в 150 баллов.

При оценке результатов тестирования по аудированию выделяется 2 уровня:

удовлетворительно — **99** баллов и выше;

неудовлетворительно — менее **99** баллов.

녹음 원문

ЧАСТЬ 1

Задания 1–5. **Прослушайте диалог двух людей при их встрече и выберите вариант ответа к каждому из заданий.**

А. Как ты ещё носишь эти уже вышедшие из моды, давно устаревшие платья и блузки! Я бы на твоём месте к каждому сезону покупала что-нибудь новенькое!

Б. Мне не хочется первой надевать сверхмодные вещи, которые ещё мало кто носит.

А. Но ты же молодая, красивая, впечатлительная девушка. А твоя одежда? Это ужас какой-то! И хочется тебе донашивать старые вещи! Скажи, какой стиль одежды тебе нравится, и я помогу тебе.

Б. Мне больше всего нравится спортивная одежда.

А. Хорошо, завтра же пойдем с тобой в магазин спорттоваров.

Задания 6–10. **Прослушайте информацию и выберите вариант ответа к каждому из заданий.**

По данным журнала «Финанс», Уральский университет лидирует по показателю среднего количества абитуриентов, претендующих на одно бюджетное место. В среднем за последние пять лет их число составляет примерно 11 человек на место. Однако, как сообщил проректор по учебной работе, высокий конкурсный показатель связан не только с сокращением бесплатного обучения. «Понятно, что вуз с такой богатой и долгой историей, выпускники которого востребованы и профессиональны, популярен у абитуриентов. А количество бюджетных мест в последнее время меняется только к уменьшению, отсюда и такой высокий конкурс»,— считает проректор.

ЧАСТЬ 2

Задания 11–15. **Посмотрите фрагмент видеозаписи кинофильма «Московские каникулы» и выберите вариант ответа к каждому из заданий.**

Лучана: … У меня в багаже летит собака.

Соседка: Да-а. Знаете, у моего приятеля в багаже летал ручной пингвин.

Лучана: Что вы говорите?

Соседка: А там, представляете, с одной стороны жара, как в Африке, а с другой – мороз, как в Антарктиде. Так он рассказывал, ему понравилось. Он попал в Антарктиду.

Лучана: Кто рассказывал?

Соседка: Ну как «кто»? Пингвин.

Лучана: А-а… Ну да. … Милая, пригласите, пожалуйста, ко мне командира корабля.

Стюардесса: Извините, мадам, он занят.

Лучана: Чем он может быть занят, если я его зову?

Стюардесса: Он ведёт самолёт.

Лучана: И что, он не может оторваться?

Стюардесса: Боюсь, что нет.

Лучана: Ну хорошо, тогда передайте ему, что ваша компания несёт категорическую ответственность за сохранность моей собаки.

Стюардесса: Обязательно передам.

Лучана: А командир несёт личную ответственность.

Стюардесса: Хорошо. А не хотите ли чего-нибудь выпить?

Лучана: Я хочу, чтобы вы немедленно пошли к командиру корабля и объяснили ему, что если что-нибудь случится, то ему, лично ему не поздоровится.

Стюардесса: Хорошо.

Лучана: Спасибо.

Командир корабля: Послушай, Франческо, пойди проверь, что там с этой проклятой собакой этой проклятой красотки.

Федя: Уже делается.

Второй пилот: А я её видел. Она – ничего-о!

Командир: Кто, собака?

Второй пилот: Нет, красотка.

Командир: Уж лучше бы она ехала поездом.

Федя: Овчарка издохла.

Второй пилот: Как, уже?

Федя: Да.

Командир: Послушай, Федя, сейчас сядем, если сядем, конечно, срочно поймай любую похожую собаку и … сам понимаешь…

Федя: Чейндьж. Уже делается.

Командир: А багаж задержим.

Федя: Правильно.

Командир: По техническим причинам.

Федя: О'кей.

Начальник аэровокзала: Синьора Фаррини, ваш багаж. Будьте любезны.

Лучана: Спасибо.

Начальник: Пожалуйста.

Лучана: О!

Начальник: Что с вами? Вам нехорошо?

Лучана: Э-э-то не моя собака.

Начальник: В каком смысле?

Лучана: Кто ваш начальник?

Начальник: Ну, я начальник.

Лучана: Немедленно верните мне мою собаку, иначе я вам…

Начальник: Только ради бога не волнуйтесь, не нервничайте, сейчас мы во всём разберёмся. Позвольте поинтересоваться, эта клеточка Ваша?

Лучана: Клетка моя.

Начальник: А подушечка?

Лучана: И подушечка тоже моя. И этот, как его, и ошейник тоже *моя*. Но посмотрите, это – какая собака?

Начальник: Какая собака?

Лучана: Живая собака.

Начальник: Живая собака.

Лучана: А я сдавала в багаж какую собаку?

Начальник: Какую собаку вы сдавали в багаж?

Лучана: Мёртвую собаку.

Начальник: Ну да, вы сдавали в багаж мёртвую собаку. Теперь она жива.

Лучана: Ну конечно … я везла её похоронить.

Задания 16–20. **Прослушайте аудиозапись новостей и выберите вариант ответа к каждому из заданий.**

На водохранилищах Свердловской области проводятся весенние профилактические мероприятия с целью понижения уровня воды в водоёмах. На плотинах устанавливаются шлюзы для регулирования сброса воды. Также проверены все гидроузлы, их состояние признано удовлетворительным. В случае необходимости дополнительного сброса воды на водных сооружениях, он будет происходить через прорытый обводной канал.

Всероссийское совещание главных психиатров и главных врачей психиатрических учреждений субъектов РФ пройдёт 12 апреля в пансионате «Селен», расположенном в 35 километрах от Екатеринбурга. В семинаре примут участие директор Центра социальной и судебной психиатрии имени Сербского, директор Московского НИИ психиатрии. С докладом на совещании выступит также психиатр из Великобритании.

Со следующей недели в столице установится совсем весенняя погода, что, впрочем, давно пора – на носу уже апрель. Потепление начнётся уже в выходные, которые будут пасмурными и снежными.

Музей Уральского университета располагает более чем семью тысячами экспонатов. Каждый музейный предмет рассказывает о характерах и судьбах учёных, формировавших новые поколения российской интеллигенции, о специфике образа жизни студентов XX века. Постоянные и временные экспозиции музея рассказывают об учебной, научной, общественной деятельности, художественном творчестве преподавателей, сотрудников и студентов университета, их радостях и горестях.

В зоопарке Калькутты умерла черепаха, которая считалась самым старым из всех животных на планете: Адвайте было 225 лет. По традиции её кремируют, но панцирь решено оставить на долгую и светлую память.

Задания 21–25. **Прослушайте запись аудиоинтервью журналиста Николая Пешкова с известным телеведущим Эдвардом Радзинским.**

Н.П.: – Вам никогда не хотелось самому играть на сцене?

Э.Р.: – Я уверен, что если драматург настоящий, то он сможет играть на сцене. Он ведь не только слышит, но и видит реплику. Мне очень радостно испытывать это желание, но я никогда не буду его осуществлять. Если говорить о воображаемой роли, то, думаю, я был бы очень хорошим Тригориным в чеховской «Чайке».

Н.П.: – Ваш телепроект то появляется на одном из центральных каналов, то пропадает...

Э.Р.: – Я специально после каждой большой серии исчезаю где-то на полгода. Я не боюсь, что меня забудут. Даже если это и произойдёт, то напрямую ко мне это не будет иметь никакого отношения. Я жил и продолжаю жить в своём мире, размышляя о том, что происходит вокруг меня.

Н.П.: – Как вы впервые попали на телевидение?

Э.Р.: – Какая-то редакция собиралась снять сцены из нескольких спектаклей, поставленных по моим пьесам, и поэтому меня пригласили прокомментировать эти съемки. Но в результате вместо пятнадцатиминутного комментария телевизионщики получили монолог на три с половиной часа, который оказался, на взгляд создателей программы, намного интересней, чем «сцены из дурно поставленных спектаклей».

Н.П.: – Ваш недавний творческий вечер в Петербурге снимал «Первый канал». Трудно попасть в эфир?

Э.Р.: – Нет. «Первый канал» – они вообще герои. В моих рассказах нет никакого привкуса пива из рекламы, они не попадают ни в какой формат, а их всё равно выпускают.

Н.П.: – Расскажите немного о себе. Вы женаты?

Э.Р.: – Моя супруга – умная, красивая женщина. Но я думаю, что не стоит говорить о личной жизни. Она должна быть за занавесом. Для этого у писателя есть книги, в которых он так или иначе исповедуется. Нужно просто читать мои пьесы. Там я достаточно искренне поведал о реальных событиях своей жизни. Я живу в двухкомнатной квартире, у меня маленькая автомашина. Ещё сейчас появилась маленькая загородная квартирка – то место, куда я складываю огромное количество бумаг, место, где я могу отдохнуть, сходить к реке.

ГОВОРЕНИЕ
말하기 영역 예시 답안

Задания 1–4. **Представьте себе, что вы с другом смотрели новый кинофильм. Другу фильм понравился, а Вам – нет.** *Возразите* **ему, используйте антонимичные оценочные слова.**

1.

Первый вариант ответа

– Вот это да! Какие убедительные характеры!
– Вовсе нет! Актёры не из лучших.

Второй вариант ответа

– Вот это да! Какие убедительные характеры!
– Ну что ты! Герои посредственные, актёры так себе.

2.

Первый вариант ответа

– И сколько эмоций! Прямо до слёз!
– Совсем наоборот. Я остался(-лась) абсолютно равнодушен(-шна).

Второй вариант ответа

– И сколько эмоций! Прямо до слёз!
– Совсем нет. Игра актёров скучная, мне хотелось спать.

3.

Первый вариант ответа

– И в спецэффектах самые высокие технологии!
– Я так не думаю. Качество спецэффектов не на высоте.

Второй вариант ответа

– И в спецэффектах самые высокие технологии!
– <u>Это не так. По сравнению с американскими фильмами, в этом кино спецэффекты были на низком уровне.</u>

4.

Первый вариант ответа

– По-моему, очень позитивное кино.
– <u>Я с тобой не согласен(-сна). Фильм нейтральный, не очень-то весёлый.</u>

Второй вариант ответа

– По-моему, очень позитивное кино.
– <u>Совсем наоборот. Фильм больше пессимистичный, чем оптимистичный.</u>

Задание 5–8. Вы разговариваете с другом, который сдаёт экзамены в автошколе. *Отреагируйте* на реплики собеседника, выражая заданные намерения.

5.

Первый вариант ответа

– **Выразите сожаление:**

– Я не сдал экзамен по вождению…
– <u>Как жаль… Наверно, экзамен был очень трудный…</u>

Второй вариант ответа

– **Выразите радость:**

– Я не сдал экзамен по вождению…
– <u>Очень жаль… Я знаю, что ты потратил много сил и времени.</u>

6.

Первый вариант ответа

– **Поддержите:**

– Если не сдам второй раз, значит, деньги – на ветер.

– Не расстраивайся! Второй раз обязательно сдашь!

Второй вариант ответа

– **Поддержите:**

– Если не сдам второй раз, значит, деньги – на ветер.

– Держись! Всё будет хорошо, у тебя всё получится.

7.

Первый вариант ответа

– **Укорите:**

– По-моему, я вообще не способен водить.

– Вот всегда ты так пессимистично думаешь. Надо бы тебе быть позитивнее.

Второй вариант ответа

– **Укорите:**

– По-моему, я вообще не способен водить.

– Ну, что ты всё время расстраиваешься! Пора бы уже начать снова готовиться.

8.

Первый вариант ответа

– **Выразите пожелание:**

– Ладно, буду готовиться.

– Желаю хорошо подготовиться и блестяще сдать!

Второй вариант ответа

– **Выразите пожелание:**

– Ладно, буду готовиться.

– Удачи! Желаю непременно сдать экзамен!

9.

- **Вы возмущены:**

- Почему ты всегда опаздываешь?!

10.

- **Вы удивлены:**

- Какая огромная собака! И такая добрая!

11.

- **Вы рады:**

- Я сдал тест на сто баллов!

12.

- **Вы разочарованы:**

- Такой скучный спектакль! Я ждал большего...

***Задание 13.** Расскажите о просмотренном отрывке из фильма. Опишите ситуацию и действующих лиц и выскажите предположение, почему, по вашему мнению, возникла такая ситуация.*

Первый вариант ответа

Мне кажется, девушка очень невнимательная и легкомысленная. Она всегда теряет свои вещи, всегда везде опаздывает. Мужчина в светлом костюме – видимо, её молодой человек – всегда ругается на неё из-за её такого характера. Очевидно, он уже довольно долго ждал свою подругу на набережной, она сильно опоздала, поэтому, конечно, он был недоволен.

Второй вариант ответа

На мой взгляд, молодой человек в светлом костюме – жених главной героини. Он очень требовательный и, может быть, злой человек. Он позвонил девушке и сказал срочно прийти на набережную, чтобы поговорить. Конечно, девушка сразу побежала, очень торопилась, поэтому даже не заметила, как уронила телефон. Когда девушка прибежала, её жених был очень сердит, потому что, во-первых, ему пришлось долго ждать свою подругу, во-вторых, она не ответила на его звонок и даже потеряла телефон.

Задание 14. Вы прочитали в газете объявление:

Компания «Рутелеком» приглашает на работу сотрудников в новый Центр обслуживания клиентов. Конкурсный отбор до 1 марта! Гибкий график работы, процент с продаж, карьерный рост! Справки по тел. (343)-3-719-241 и на сайте компании.

Первый вариант ответа

– Здравствуйте! Компания «Рутелеком». Анна. Слушаю вас.
– Алло! Здравствуйте! Я звоню по поводу объявления в газете о работе. У меня есть несколько вопросов.
– Да, пожалуйста.
– Сотрудников какого возраста вы принимаете?
– От 25 до 40 лет.
– Требуется специальное образование?
– Мы принимаем сотрудников с любым высшим образованием.
– А что входит в обязанности сотрудников?

– Сотрудники должны отвечать на звонки, консультировать клиентов.
– Со скольки до скольки рабочий день?
– С 9 (девяти) до 6 (шести).
– Работа пять дней в неделю?
– Нет. Два дня через два.
– А какая зарплата?
– Зарплату вы узнаете после собеседования.
– А когда будет собеседование?
– На следующей неделе.
– Скажите, какой отпуск у сотрудников вашей компании?
– 28 дней в году.
– Понятно. На какой адрес мне лучше послать своё резюме?
– Все адреса указаны на нашем сайте rutelekom.ru.
– Ещё один вопрос. Где находится офис компании?
– В центре города, около главной площади. Проспект Ленина, 22.
– Спасибо за информацию! Всё понятно. Я отправлю резюме на вашу электронную почту. До свидания!
– Всего доброго!

Второй вариант ответа

– Алло! Здравствуйте! Это компания «Рутелеком»?
– Здравствуйте. Да, слушаю вас.
– Я звоню по поводу объявления в газете о работе. Можно задать вам несколько вопросов?
– Да, пожалуйста.
– Скажите, каких сотрудников вы набираете?
– Мы набираем сотрудников по работе с клиентами.
– Где находится Центр обслуживания клиентов?
– На западе города, около торгового центра «Мега».
– Понятно. А что значит «гибкий график работы»?
– Это значит, что наши сотрудники работают через день и могут сами выбрать удобное время работы – до обеда или после обеда.
– А какая у меня будет зарплата?
– От 20 000 рублей в месяц.
– Плюс процент с продаж?
– Да.

– Хорошо. Когда и куда мне нужно отправить резюме?

– Отправьте резюме до понедельника на почту компании.

– На какой электронный адрес?

– Электронные адреса есть на нашем сайте.

– А когда у меня будет собеседование?

– Мы рассматриваем резюме в течение трёх дней, затем сообщим вам результат. Потом будет собеседование.

– Последний вопрос: большой конкурс?

– Примерно три человека на одно место.

– Да, ясно. Спасибо вам за информацию!

– Пожалуйста.

– До свидания!

– До свидания.

Задание 15. **Примите участие в беседе на тему, предложенную тестирующим.**

Возможные варианты тем:

1. Отцы и дети: проблемы взаимопонимания.
2. Социальные сети или личные отношения?
3. Миграционные процессы в мире: плюсы и минусы.
4. Изменение климата – угроза номер один?
5. Утилизация мусора и проблемы экологии.
6. Жизнеспособен ли гражданский брак?

Образец беседы

Сценарий речевого поведения тестирующего	Реплика-стимул	Реплика-реакция тестируемого	Схема речевого поведения тестируемого
1. Ввод в проблему, запрос мнения	Какие проблемы в современном мире кажутся Вам особенно важными?	Сейчас очень важная проблема, почему молодёжь и особенно дети много времени тратят на компьютерные игры.	Высказывание мнения

		Да, для российских детей и, конечно, для их родителей это тоже ощутимая проблема.	Даже можно говорить о новом явлении – игромании.	
2. Запрос уточнения информации	Уточните, пожалуйста, что Вы понимаете под «игроманией»?	Игромания – форма тяжелой психологической зависимости от компьютерных игр, как наркомания или любая другая мания.	Уточнение информации
3. Запрос разъяснения мнения	Объясните, почему Вы считаете компьютерные игры проблемой?	Сейчас молодые люди, особенно дети и подростки, предпочитают не активные игры на воздухе, или книги, или общение с друзьями. Самое главное – компьютер. А в компьютере тоже есть электронные книги, или кино, или музыка, или социальные сети. Но они выбирают игры и живут в этом виртуальном мире. Совсем забывают про реальный мир.	Разъяснение мнения
4. Запрос информации	Есть ли у Вас факты, что это действительно распространённое явление?	Я знаю, что в Корее 60% детей проводят за компьютером гораздо больше времени, чем можно. А можно, по мнению врачей, не больше двух часов в сутки. Это ВСЁ время за компьютером.	Информация

		Поэтому врачи считают, что у многих детей появляются психические отклонения: они раздражительные, нервные, грубят старшим.	
5. Запрос оценочного суждения	Как Вы оцениваете существующую ситуацию? Что хорошо, что плохо, что опасно, что перспективно?	Мне кажется, что это ужасная ситуация, опасная для здоровья молодёжи. Родители должны регулировать время детей за компьютером, а молодые люди сами должны следить, сколько они времени тратят на игры.	Выражение оценочного суждения
6. Запрос обоснования	Но Вы же знаете, что значит в наше время информация! И большую часть информации современный человек получает с помощью компьютера. Вы предлагаете запретить компьютер и другие гаджеты?	Конечно, нет. Компьютер нужен, Интернет нужен. Но если дети ещё не понимают, сколько времени можно тратить на компьютерные игры, то родители должны им объяснять или даже ставить пароль на компьютер, чтобы блокировать игры, или опасную информацию, или время использования.	Обоснование

7. Запрос сравнения	А если сравнить зависимость от компьютерных игр в Корее и других странах?	По-моему, во всех странах, где у каждого есть компьютер с детства, проблемы одинаковые. Может быть, в Корее эта проблема больше, чем в России, а может быть, у нас больше пишут об этом.	Сравнение
8. Запрос примера	А Вы сами знаете случаи, когда зависимость от игр привела к психическим проблемам?	Мой младший брат очень много играл в компьютерные игры, но, думаю, наша семья смогла его переключить на другое. А вообще я читал, что один корейский мальчик убил своих родителей за то, что они запрещали ему играть на компьютере. Это ужасный факт.	Приведение примера
9. Запрос предположения	Как Вы думаете, что может сделать государство, общество, чтобы остановить эпидемию игромании?	Может быть, для государства это не такая важная проблема. Может быть, эта «детская болезнь» пройдёт. Но всё-таки, мне кажется, родителям надо регулировать время игр детей, а подросткам надо объяснять в школе, в социальной рекламе, что опасного в зависимости от игр, что это тоже мания.	Высказывание предположения

| 10. Запрос вывода | Итак, что Вы думаете в целом об игромании? | Я думаю, это серьёзная проблема современного общества. Мы должны её сначала признать. Потом решить, что можно сделать. Хотя государство не должно регулировать свободу в Интернете, но родители и система образования и социальные сети могут объяснять опасность игромании как любой зависимости. А психологи должны найти хорошие методы лечить зависимых от игр. | Вывод |

Обработка результатов тестирования

Рейтерская таблица № 1

№ задания	Содержание (I)			Интенция (II)			Итого
	выражено адекватно	выражено неадекватными средствами	не выражено	выражена адекватно	выражена частично	не выражена	I + II
1	2	1	0	2	1	0	
2	2	1	0	2	1	0	
3	2	1	0	2	1	0	
4	2	1	0	2	1	0	

Всего:

Рейтерская таблица № 2

№ зада-ния	Содержание (I)				Интенция (II)			Итого
	выражено адекватно	выражено неадекватными средствами	искажено	не выражено	выражена адекватно	выражена частично	не выражена	I + II
5	2	1,5	1	0	2	1	0	
6	2	1,5	1	0	2	1	0	
7	2	1,5	1	0	2	1	0	
8	2	1,5	1	0	2	1	0	

Всего:

Рейтерская таблица № 3

№ задания	Интенция			Итого
	выражена адекватно	выражена частично	не выражена	
9	4	2	0	
10	4	2	0	
11	4	2	0	
12	4	2	0	

Всего:

Рейтерская таблица № 4

Параметры оценки	Объект контроля	Описание действующих лиц и ситуаций						Итого
1. Полнота		0	1	2	3	4	5	
2. Точность		0	1	2	3	4	5	
Параметры оценки	Объект контроля	Предположение						Итого
3. Выражение предположения		0	1	2	3	4	5	
4. Обоснование предположения		0	1	2	3	4	5	
Параметры оценки	Объект контроля	Субъективные особенности монолога			Итого			
5. Композиция, структура монолога		0	3	5				
6. Владение фонетическими и лексико-грамматическими нормами разговорной речи		0	3	5				

Всего:

Рейтерская таблица № 5

№	Тактика тестируемого	Шкала оценок						Итого	Тактика тестирующего
1.	Приветствие Представление	0	1	2	3	4	5		Приветствие *Просьба перезвонить

2.	Объяснение цели звонка	0	1	2	3	4	5		Готовность отвечать (Да. Пожалуйста.)
3.	Запрос информации Уточнение подробностей	0	1	2	3	4	5		Неконкретный ответ Уклонение от ответа
4.	Запрос разъяснения	0	1	2	3	4	5		Разъяснение
5.	*Резюмирующая часть Выражение признательности Прощание	0	1	2	3	4	5		*Констатация правильности или неправильности выводов Прощание

Всего:

Рейтерская таблица № 6

Сценарий для тестирующего Реплики-стимулы	Реакции тестируемого Шкала оценок						Итого
1. Запрос мнения	1. Высказывание мнения						
	0	1	2	3	4	5	
2. Запрос уточнения	2. Уточнение информации						
	0	1	2	3	4	5	
3 Запрос разъяснения	3. Разъяснение мнения						
	0	1	2	3	4	5	

4. Запрос информации	4. Информация						
	0	1	2	3	4	5	
5. Запрос оценочного суждения	5. Выражение оценочного суждения						
	0	1	2	3	4	5	
6. Запрос обоснования	6. Обоснование						
	0	1	2	3	4	5	
7. Запрос сравнения	7. Сравнение						
	0	1	2	3	4	5	
8. Запрос конкретного примера	8. Приведение конкретного примера						
	0	1	2	3	4	5	
9. Запрос предположения	9. Высказывание предположения						
	0	1	2	3	4	5	
10. Запрос вывода	10. Формулирование вывода						
	0	1	2	3	4	5	

Всего:

Итоговая контрольная таблица

Задания	Максимальное количество баллов для каждого блока заданий	Количество баллов, полученное тестируемым
1 - 4	14	
5 - 8	14	
9 - 12	12	
13	30	
14	25	
15	50	
Итого:	145	

Таким образом, весь тест по говорению оценивается в 145 баллов.

При оценке результатов тестирования по говорению выделяется 2 уровня:

удовлетворительно — **96** баллов и выше

неудовлетворительно — менее **96** баллов.

답안지

Рабочие матрицы

ЛЕКСИКА. ГРАММАТИКА

Имя, фамилия _____ Страна _____ Дата _____

Матрица № 1				
1	А	Б	В	Г
2	А	Б	В	Г
3	А	Б	В	Г
4	А	Б	В	Г
5	А	Б	В	Г
6	А	Б	В	Г
7	А	Б	В	Г
8	А	Б	В	Г
9	А	Б	В	Г
10	А	Б		
11	А	Б		
12	А	Б		
13	А	Б		
14	А	Б		
15	А	Б		
16	А	Б		
17	А	Б		
18	А	Б		
19	А	Б		
20	А	Б		
21	А	Б		
22	А	Б		
23	А	Б		
24	А	Б		
25	А	Б		

Матрица № 2				
26	А	Б	В	Г
27	А	Б	В	Г
28	А	Б	В	Г
29	А	Б	В	Г
30	А	Б	В	Г
31	А	Б	В	Г
32	А	Б	В	Г
33	А	Б	В	Г
34	А	Б	В	Г
35	А	Б	В	Г
36	А	Б	В	Г
37	А	Б	В	Г
38	А	Б	В	Г
39	А	Б	В	Г
40	А	Б	В	Г
41	А	Б	В	Г
42	А	Б	В	Г
43	А	Б	В	Г
44	А	Б	В	Г
45	А	Б	В	Г
46	А	Б	В	Г
47	А	Б	В	Г
48	А	Б	В	Г
49	А	Б	В	Г
50	А	Б	В	Г

Матрица № 3				
51	А	Б	В	Г
52	А	Б	В	Г
53	А	Б	В	Г
54	А	Б	В	Г
55	А	Б	В	Г
56	А	Б	В	Г
57	А	Б	В	Г
58	А	Б	В	Г
59	А	Б	В	Г
60	А	Б	В	Г
61	А	Б	В	Г
62	А	Б	В	Г
63	А	Б	В	Г
64	А	Б	В	Г
65	А	Б	В	Г
66	А	Б	В	Г
67	А	Б	В	Г
68	А	Б	В	Г
69	А	Б	В	Г
70	А	Б	В	Г
71	А	Б	В	Г
72	А	Б	В	Г
73	А	Б	В	Г
74	А	Б	В	Г
75	А	Б	В	Г

Матрица № 4				
76	А	Б	В	Г
77	А	Б	В	Г
78	А	Б	В	Г
79	А	Б	В	Г
80	А	Б	В	Г
81	А	Б	В	Г
82	А	Б	В	Г
83	А	Б	В	Г
84	А	Б	В	Г
85	А	Б	В	Г
86	А	Б	В	Г
87	А	Б	В	Г
88	А	Б	В	Г
89	А	Б	В	Г
90	А	Б	В	Г
91	А	Б	В	Г
92	А	Б	В	Г
93	А	Б	В	Г
94	А	Б	В	Г
95	А	Б	В	Г
96	А	Б	В	Г
97	А	Б	В	Г
98	А	Б	В	Г
99	А	Б	В	Г
100	А	Б	В	Г

Матрица № 5				
101	А	Б	В	Г
102	А	Б	В	Г
103	А	Б	В	Г
104	А	Б	В	Г
105	А	Б	В	Г
106	А	Б	В	Г
107	А	Б	В	Г
108	А	Б	В	Г
109	А	Б	В	Г
110	А	Б	В	Г
111	А	Б	В	Г
112	А	Б	В	Г
113	А	Б	В	Г
114	А	Б	В	Г
115	А	Б	В	Г
116	А	Б	В	Г
117	А	Б	В	Г
118	А	Б	В	Г
119	А	Б	В	Г
120	А	Б	В	Г
121	А	Б	В	Г
122	А	Б	В	Г
123	А	Б	В	Г
124	А	Б	В	Г
125	А	Б	В	Г

Матрица № 6				
126	А	Б	В	Г
127	А	Б	В	Г
128	А	Б	В	Г
129	А	Б	В	Г
130	А	Б	В	Г
131	А	Б	В	Г
132	А	Б	В	Г
133	А	Б	В	Г
134	А	Б	В	Г
135	А	Б	В	Г
136	А	Б	В	Г
137	А	Б	В	Г
138	А	Б	В	Г
139	А	Б	В	Г
140	А	Б	В	Г
141	А	Б	В	Г
142	А	Б	В	Г
143	А	Б	В	Г
144	А	Б	В	Г
145	А	Б	В	Г
146	А	Б	В	Г
147	А	Б	В	Г
148	А	Б	В	Г
149	А	Б	В	Г
150	А	Б	В	Г

ЧТЕНИЕ

Имя, фамилия _____ Страна _____ Дата _____

№	A	Б	В		
1	А	Б	В		
2	А	Б	В		
3	А	Б	В		
4	А	Б	В		
5	А	Б	В		
6	А	Б	В		
7	А	Б	В		
8	А	Б	В		
9	А	Б	В		
10	А	Б	В		
11	А	Б	В		
12	А	Б	В		
13	А	Б	В		
14	А	Б	В		
15	А	Б	В		
16	А	Б	В		
17	А	Б	В		
18	А	Б	В		
19	А	Б	В		
20	А	Б	В		
21	А	Б	В		
22	А	Б	В		
23	А	Б	В		
24	А	Б	В		
25	А	Б	В		

АУДИРОВАНИЕ

Имя, фамилия_____ Страна_____ Дата_____

1	А	Б	В		
2	А	Б	В		
3	А	Б	В		
4	А	Б	В		
5	А	Б	В		
6	А	Б	В		
7	А	Б	В		
8	А	Б	В		
9	А	Б	В		
10	А	Б	В		
11	А	Б	В		
12	А	Б	В		
13	А	Б	В		
14	А	Б	В		
15	А	Б	В		
16	А	Б	В		
17	А	Б	В		
18	А	Б	В		
19	А	Б	В		
20	А	Б	В		
21	А	Б	В		
22	А	Б	В		
23	А	Б	В		
24	А	Б	В		
25	А	Б	В		

ДЛЯ ЗАМЕТОК

Дорога в Россию идет через Пушкинский дом!

러시아로 가는 길에 뿌쉬낀하우스가 있습니다!

러시아 교육문화센터
뿌쉬낀하우스 는

www.pushkinhouse.co.kr

2002년 러시아와 한국을 잇는 문화적 가교의 역할을 담당하고자 하는 취지로 개원하여 러시아어 교육과 러시아 관련 도서의 출판, 문화교류 등의 분야에서 선도적인 역할을 하고 있습니다.

뿌쉬낀하우스
온라인스쿨 은

lecture.pushkinhouse.co.kr

10여 년 동안 러시아어 교육분야에서 쌓아온 최고의 노하우를 여러분께 공개합니다.
이제 러시아어 전문 강사가 제공하는 최고의 강의를 온라인에서도 만나실 수 있습니다.

러시아 교육문화센터
뿌쉬낀하우스

교육센터 / 문화센터 / 출판센터
Tel. 02)2237-9387　Fax. 02)2238-9388
http://www.pushkinhouse.co.kr